AF501964

pages – [illegible]17-418

PHILOSOPHIE

DE L'INFINI.

PHILOSOPHIE
DE L'INFINI,

CONTENANT

DES CONTRE-RÉFLEXIONS ET DES RÉFLEXIONS
SUR LA MÉTAPHYSIQUE
DU CALCUL INFINITÉSIMAL.

PAR HOËNÉ WRONSKI.

A PARIS,
DE L'IMPRIMERIE DE P. DIDOT L'AINÉ.
1814.

AVIS.

LE *titre de cet ouvrage ne laisse aucun doute sur son véritable objet; et la Table méthodique des matières en expose clairement les différentes parties. — Quant à sa forme, il a été rédigé en Mémoires et Notes, pour faire un ensemble avec la* Réfutation de la Théorie des fonctions analytiques de Lagrange, *qui porte sur le même objet.*

En outre, les géomètres pourront, dans ce moment, tirer de cet ouvrage une utilité accessoire, en rectifiant les opinions qu'ils ont sur la Philosophie de leur science. Cette utilité est indiquée dans le Post-scriptum *qui se trouve à la fin.*

TABLE MÉTHODIQUE
DES MATIÈRES.

PREMIER MÉMOIRE.

Contre-Réflexions sur la Métaphysique du Calcul Infinitésimal.

CONTRE-RÉFLEXIONS

SUR

LA MÉTAPHYSIQUE

DU CALCUL INFINITÉSIMAL.

Il vient de paraître une nouvelle édition d'un ouvrage intitulé *Réflexions sur la Métaphysique du Calcul infinitésimal.* Cette apparition nous a surpris : nous croyions, en effet, qu'après tout ce que nous avons dit sur la métaphysique du calcul infinitésimal (*Voyez la Réfutation de la Théorie des fonctions analytiques*), les géomètres auraient renoncé à s'occuper de cette métaphysique, du moins jusqu'à nouvel ordre. Notre opinion paraissait d'autant plus fondée que la production de la Philosophie des Mathématiques et spécialement de la Philosophie de l'Algorithmie (*Voyez l'Introduction à la Philosophie des Mathématiques*) devait, suivant toutes les probabilités, fixer l'opinion des géomètres sur la Philosophie de leur science : en effet, quoiqu'il soit vrai que la doctrine de cette Philosophie n'est pas à la portée des géomètres, considérés purement comme géomètres, ainsi que ces savans l'avouent eux-mêmes (*Voyez le Moniteur du 22 novembre* 1812), il est également vrai que la nature de cette doctrine est telle, ce nous semble, qu'on ne saurait dorénavant méconnaître l'insuffisance des Mathématiques elles-mêmes pour expliquer leurs premiers principes, c'est-à-dire, l'insuffisance des Mathématiques pour traiter leur Philosophie. Au reste, cette nature toute particulière de la Philosophie dont nous parlons, n'a été qu'une preuve définitive et irrécusable de l'insuffisance philosophique de la science des géomètres; car, il n'y a pas de doute que ces savans n'aient, de tout temps, pressenti cette insuffisance, à peu près comme un simple arithméticien pressent que, quoiqu'il s'occupe de nombres, sa science ne lui suffit nullement pour reconnaître les lois de ces nombres, c'est-à-dire, pour traiter l'Algèbre.

Notre attente a donc été déçue par l'apparition de la seconde édition des *Réflexions sur la Métaphysique du Calcul infinitésimal* (*). En effet, nous devons porter une haute estime à l'auteur de cette production; et, par conséquent, nous ne devons y voir, de sa part, aucun motif étranger à l'amour de la vérité : ainsi, sachant d'ailleurs que nos ouvrages, du moins la *Réfutation de la Théorie des fonctions analytiques,* sont connus de cet auteur, nous ne pouvons attribuer cette nouvelle production sur la métaphysique du calcul infinitésimal, qu'à ce que notre Philosophie des Mathématiques n'a point produit, chez les géomètres, l'effet que nous en avions attendu. — Dans cet état de choses, nous croyons, toujours pour le bien de la science, devoir, encore une fois, avant que nous ayons publié la doctrine complète de la Philosophie, montrer l'insuffisance des argumentations purement mathématiques, pour expliquer les principes philosophiques de la science des géomètres. — Tel est l'unique but de cet opuscule.

(*) L'apparition de la seconde édition de la *Théorie des fonctions analytiques* de Lagrange, n'avait encore changé en rien notre opinion; et nous pouvons déjà ici déclarer que cette apparition ne nous a même nullement surpris. Nous en dirons les raisons dans la suite.

VOICI, d'abord, en quoi consiste le principe algorithmique sur lequel l'auteur des *Réflexions* dont il s'agit, établit sa métaphysique. C'est au moins à quoi se réduisent tous ses argumens, comme nous espérons que le reconnaîtra lui-même cet illustre auteur.

Soit, en premier lieu, $F(x, y)$ une fonction de deux quantités variables x et y, et soit . . . (1)

$$F(x, y) = 0$$

l'équation qui détermine la relation de ces variables. Si l'on conçoit la fonction $F(x, y)$ dans un état différent, correspondant aux valeurs x' et y' des variables x et y, et si l'on suppose . . . (2)

$$x' = x + dx, \quad \text{et} \quad y' = y + dy,$$

dx et dy désignant ici des accroissemens quelconques de x et y, on aura, pour ces accroissemens, l'équation . . . (3)

$$F(x + dx, y + dy) = 0.$$

Cette équation secondaire, jointe à l'équation primitive (1), donnera toujours une équation dérivée que nous marquerons ainsi . . . (4)

$$F'(x, y, dx, dy) = 0;$$

équation qui, comme cela est évident, ne peut déterminer que la relation des accroissemens dx et dy, sans statuer rien sur la valeur absolue de ces quantités; de sorte que ces accroissemens dx et dy restent entièrement indéterminés ou arbitraires, quant à leur valeur absolue.

Or, s'il s'agissait de connaître une autre quantité variable, formant une certaine fonction des variables x et y, ou, plus généralement, s'il s'agissait de connaître une certaine autre relation des variables x et y, soit entre elles seules (comme, par exemple, dans la question des *maximis* et *minimis*), soit avec une ou plusieurs autres quantités p, q, etc., relation que nous marquerons par l'équation . . . (5)

$$\Phi\,(x, y, p, q, \text{etc.}) = 0,$$

Φ désignant ici une fonction des quantités x, y, et p, q, etc.; et si, pour arriver à cette relation, on ne pouvait obtenir que deux conditions inexactes, exprimées par les deux équations . . . (6)

$$f_1\left(x, y, \frac{dy}{dx}, p, q, \text{etc.}\right) = 0$$

$$f_2\left(x, y, \frac{dy}{dx}, p, q, \text{etc.}\right) = 0,$$

dans lesquelles f_1 et f_2 désignent de nouveau des fonctions des quantités x, y, p, q, etc. et du rapport des accroissemens indéterminés dy et dx; et enfin si, par la diminution arbitraire de ces accroissemens dx et dy, on pouvait à volonté, dans les équations (6), atténuer l'erreur qu'elles impliquent; il suffirait d'éliminer, entre ces dernières équations (6), le rapport $\frac{dy}{dx}$ des accroissemens arbitraires dy et dx, et l'équation résultante serait, d'une manière rigoureuse et exacte, l'équation demandée (5), savoir,

$$\Phi\,(x, y, p, q, \text{etc.}) = 0.$$

Car, puisque par la diminution arbitraire des accroissemens dx et dy, on peut, dans les équations (6), atténuer à volonté l'erreur qu'impliquent ces équations en les prenant pour l'expression des conditions du problême, et cela SANS CHANGER LES VALEURS DES AUTRES QUANTITÉS x, y, p, q, etc., il est évident que tout ce qu'il y a d'erronné dans cette solution, porte EXCLUSIVEMENT sur les quantités dx et dy. Ainsi, obtenant le résultat demandé (5) PRÉCISÉMENT PAR L'ÉLI-

MINATION DES QUANTITÉS ARBITRAIRES dx et dy, il est également évident que, dans ce résultat, il ne saurait plus y avoir rien d'erronné; et, par conséquent, que ce résultat est RIGOUREUSEMENT EXACT.

En second lieu et généralement, soit $F\ (x_1, x_2, x_3, \ldots x_m)$ une fonction de m quantités variables $x_1, x_2, x_3, \ldots x_m$, et désignant par F_1, F_2, F_3, etc. autant de fonctions différentes, soient. . . (7)

$$F_1\ (x_1, x_2, x_3, \ldots x_m) = 0$$
$$F_2\ (x_1, x_2, x_3, \ldots x_m) = 0$$
$$F_3\ (x_1, x_2, x_3, \ldots x_m) = 0$$
$$\cdots\cdots\cdots\cdots$$
$$F_n\ (x_1, x_2, x_3, \ldots x_m) = 0$$

n équations qui déterminent la relation de ces variables $x_1, x_2, x_3, \ldots x_m$, le nombre n d'équations étant toujours plus petit que le nombre m de variables. Si, comme plus haut, on conçoit ici un état différent des fonctions $F_1, F_2, F_3, \ldots F_n$, correspondant aux valeurs $x'_1, x'_2, x'_3, \ldots x'_m$, et si l'on fait encore ... (8)

$$x'_1 = x_1 + dx_1$$
$$x'_2 = x_2 + dx_2$$
$$x'_3 = x_3 + dx_3$$
$$\cdots\cdots\cdots$$
$$x'_m = x_m + dx_m;$$

on prouvera, comme plus haut, qu'il n'existe, pour les accroissemens totaux $dx_1, dx_2, dx_3, \ldots dx_m$ que n équations dérivées que nous marquerons ainsi . . . (9)

$$F'_1\ (x_1, x_2, x_3, \text{etc.}, dx_1, dx_2, dx_3, \text{etc.}) = 0$$
$$F'_2\ (x_1, x_2, x_3, \text{etc.}, dx_1, dx_2, dx_3, \text{etc.}) = 0$$
$$F'_3\ (x_1, x_2, x_3, \text{etc.}, dx_1, dx_2, dx_3, \text{etc.}) = 0$$
$$\cdots\cdots\cdots\cdots\cdots\cdots\cdots\cdots$$
$$F'_n\ (x_1, x_2, x_3, \text{etc.}, dx_1, dx_2, dx_3, \text{etc.}) = 0$$

et, par conséquent, que la valeur absolue des accroissemens dx_1, dx_2, dx_3, ... dx_m, reste arbitraire.

Or, s'il s'agissait de connaître un certain nombre μ de relations des quantités variables x_1, x_2, x_3, ... x_m, soit entre elles seules, soit avec d'autres quantités p, q, r, s, etc., relations que nous marquerons pas les équations ... (10)

$$\begin{array}{l} \Phi_1 (x_1, x_2, x_3, \text{etc.}, p, q, r, \text{etc.}) = 0 \\ \Phi_2 (x_1, x_2, x_3, \text{etc.}, p, q, r, \text{etc.}) = 0 \\ \Phi_3 (x_1, x_2, x_3, \text{etc.}, p, q, r, \text{etc.}) = 0 \\ \dots\dots\dots\dots\dots\dots \\ \Phi_\mu (x_1, x_2, x_3, \text{etc.}, p, q, r, \text{etc.}) = 0, \end{array}$$

Φ_1, Φ_2, Φ_3, ... Φ_μ désignant encore ici autant de fonctions différentes des quantités x_1, x_2, x_3, etc. et p, q, r, etc; et si, pour arriver à cette connaissance, on ne pouvait obtenir que des conditions inexactes, mais en nombre suffisant, exprimées par les ν équations suivantes ... (11)

$$\begin{array}{l} f_1 (x_1, x_2, \text{etc.}, p, q, \text{etc.}, dx_1, dx_2, \text{etc.}) = 0 \\ f_2 (x_1, x_2, \text{etc.}, p, q, \text{etc.}, dx_1, dx_2, \text{etc.}) = 0 \\ f_3 (x_1, x_2, \text{etc.}, p, q, \text{etc.}, dx_1, dx_2, \text{etc.}) = 0 \\ \dots\dots\dots\dots\dots\dots \\ f_\nu (x_1, x_2, \text{etc.}, p, q, \text{etc.}, dx_1, dx_2, \text{etc.}) = 0, \end{array}$$

dans lesquelles f_1, f_2, f_3, ... f_ν désignent, comme plus haut, autant de fonctions des quantités x_1, x_2, x_3, etc., p, q, r, etc., et des accroissemens indéterminés, totaux ou partiels; et enfin si, d'une part, les équations (11), comme conditions suffisantes, pouvaient servir à éliminer tous les accroissemens dx_1, dx_2, dx_3, etc. qui y seraient contenus, et, de l'autre part, si, par la diminution arbitraire de ces accroissemens, on pouvait à volonté, dans les équations (11), atténuer l'erreur qu'impliquent ces équations en les considérant comme conditions du problème; on prouverait, comme plus haut, qu'il suffirait réellement d'éliminer, entre les équations (11), les accroissemens dx_1, dx_2, dx_3, etc. qui y seraient contenus, et que le résultat de cette élimination, formant les μ équations (10) qui sont demandées, serait RIGOUREUSEMENT EXACT.

Tel est le principe algorithmique de la métaphysique du calcul infinitésimal présentée par l'auteur des *Réflexions* qui sont l'objet de ce Mémoire. — C'est, en effet, de ce seul principe, exposé ici dans toute sa généralité et dans toute sa pureté algorithmique, que cet auteur déduit les principes fondamentaux du calcul différentiel, du calcul intégral et du calcul des variations. Nous pouvons donc, dans l'examen de cette métaphysique, négliger d'abord tous les *théorèmes, corollaires, définitions* et autres propositions que l'auteur de cette doctrine a cru devoir établir d'une manière systématique, pour donner une forme logique à son ouvrage : nous procéderons ensuite, lorsqu'il en sera besoin, à l'examen de ces *théorèmes, corollaires*, et autres propositions purement logiques. — Mais, pour plus de brièveté, nous nous bornerons ici à l'examen du principe particulier que nous avons exposé sous les marques (1), (2), . . . (6) : il sera facile d'étendre cet examen au principe général exposé sous les marques (7), (8), ... (11). — Venons au fait.

Suivant l'hypothèse, les deux équations (6) forment, d'une manière inexacte, les expressions des deux conditions du problème, c'est-à-dire, des deux conditions dont dépend l'équation (5) qu'on veut découvrir. Ainsi, considérant les quantités qui entrent dans les équations (6), comme ayant leurs véritables valeurs, savoir, les quantités x et y comme étant données par l'équation primitive (1), les accroissemens dx et dy comme donnés par l'équation dérivée (4), et enfin les quantités p, q, etc. comme données par la nature de la question, c'est-à-dire, par l'équation même (5) qu'il s'agit de découvrir; on voit que les équations (6), tant que les accroissemens dx et dy ont une valeur quelconque, sont nécessairement FAUSSES, parcequ'elles sont des expressions inexactes des conditions sous lesquelles est possible la relation des quantités mêmes que contiennent ces équations. Ce serait donc une véritable ABSURDITÉ, une erreur contre le sens commun, si on voulait s'imaginer que l'auteur de la métaphysique dont il est question, a prétendu que, de ces équations (6), qui par hypothèse sont nécessairement fausses dans tous les cas, on pût tirer des résultats vrais; car, autant vaudrait-il écrire au hasard l'équation (5) qu'on veut découvrir : il y aurait même, dans ce dernier cas, plus de probabilité de rencontrer un résultat vrai, qu'il n'y en a d'arriver à la vérité en partant de conditions fausses. Il s'ensuit que, pour éviter cette absurdité et pour attacher un sens raisonnable à la doctrine que nous examinons, il faut supposer à l'auteur de cette doctrine l'intention tacite de traiter au moins MENTALEMENT les équations auxiliaires (6) dont il s'agit, DANS L'ÉTAT OÙ ELLES SONT VRAIES; et, pour cela, il faut considérer ces équations comme contenant encore d'autres quantités ξ, ζ, etc., dont l'absence est présisément ce qui rend fausses ces équations. Soient donc, à la place des équations auxiliaires (6) qui sont fausses dans tous les cas, les équations mentales . . . (6)'

$$f_1\left(x, y, \frac{dy}{dx}, p, q, \text{etc.}, \xi, \zeta, \text{etc.}\right) = 0$$

$$f_2\left(x, y, \frac{dy}{dx}, p, q, \text{etc.}, \xi, \zeta, \text{etc.}\right) = 0,$$

qui expriment les véritables conditions du problème : ce sont ces équations que l'auteur de la doctrine en question a nécessairement en vue, lorsqu'il parle des équations auxiliaires (6); et cela en y suppléant mentalement les quantités complémentaires ξ, ζ, etc. Cette intention de notre auteur est prouvée très expressément par ce qu'il dit lui-même au n.° 123 *(page 156 de son ouvrage)*, en parlant de la méthode des indéterminées de Descartes : en effet, il déclare « qu'il « met, pour ainsi dire mentalement, les équations auxiliaires (6) « sous la forme sous laquelle elles sont vraies; et cela moyennant « deux quantités complémentaires (qu'il désigne par φ et φ') propres « à rendre vraies ou exactes ces équations auxiliaires. »

Or, avant de poursuivre cet examen, observons, d'abord, que les quantités mentales ou complémentaires ξ, ζ, etc. dont nous venons de reconnoître l'indispensable nécessité, doivent diminuer continuellement à mesure que diminuent les accroissemens dx et dy; puisque, par hypothèse, les prétendues équations auxiliaires (6) sont telles que l'erreur qui y est impliquée, peut être atténuée à volonté, en diminuant les accroissemens dx et dy. Observons ensuite, et cela n'est pas moins essentiel, que les accroissemens dx et dy, ainsi que les quantités mentales ξ, ζ, etc. liées avec ces accroissemens, qu'on peut diminuer à volonté, ne sauraient cependant être zéro ; car, comme l'observe l'auteur lui-même de la métaphysique en question, « les équations auxiliaires (6) seraient insi« gnifiantes (c'est-à-dire, sans valeur intellectuelle), lorsque les « quantités dx et dy seraient des zéros absolus, puisque $\frac{dy}{dx}=\frac{0}{0}$ « serait alors une quantité absolument indéterminée » (n.° 31, *page* 41 *de son ouvrage*).

Actuellement revenons à nos équations auxiliaires (6). — Puisque, pour éviter l'absurdité, il faut, au moins mentalement, substituer aux équations (6) les équations (6)′ qui contiennent les quantités complémentaires ξ, ζ, etc., il est évident qu'en éliminant, entre ces équations, le rapport $\frac{dy}{dx}$ des accroissemens arbitraires dx et dy, le résultat, formant l'équation (5) qu'on veut découvrir, contiendra nécessairement, du moins en général, les quantités mentales ou complémentaires ξ, ζ, et aura par conséquent la forme ... (5)'

$$\Phi\ (x, y, p, q, \text{etc.}, \xi, \zeta, \text{etc.}) = 0.$$

Ainsi, puisque les quantités mentales ξ, ζ, etc. dont on ne connaît nullement la dépendance, NE PEUVENT ÊTRE CONÇUES COMME SE DÉTRUISANT ELLES-MÊMES DANS LE RÉSULTAT PRÉCÉDENT (5)', il est encore évident que, sans commettre une véritable absurdité, on ne peut concevoir ce résultat (5)' que comme contenant les quantités ξ, ζ, etc. dont il est question. Donc, ne pouvant être considérées comme des zéros absolus, quoiqu'on puisse les diminuer à volonté, les quantités ξ, ζ, etc. restent INSÉPARABLES du résultat (5)'; et la métaphysique que nous examinons commet nécessairement une erreur, en supposant qu'on puisse concevoir ce résultat de l'élimination des équations (6)', comme ne contenant plus aucune quantité arbitraire ξ, ζ, etc. Ainsi donc, puisque, d'une part, ce résultat contient nécessairement les quantités arbitraires ξ, ζ, etc., et que, de l'autre part, on ne saurait concevoir à prori la destruction de ces quantités entre elles, LA COMPENSATION DES ERREURS qui proviennent de ce qu'on néglige les quantités ξ, ζ, etc. dans les équations auxiliaires (6), n'a nullement lieu PAR LES PROCÉDÉS MÊMES de ce calcul (*).

C'est là le vice de la métaphysique dont il s'agit. — Nous allons

(*) La compensation, non des erreurs, mais des quantités complémentaires ξ, ζ, etc., ou plutôt la destruction de ces quantités entre elles, a bien lieu réellement, car, c'est là même le FAIT EXTRAORDINAIRE que présente le calcul différentiel; fait qu'il s'agit précisément d'expliquer. Mais, comme nous venons de le prouver, cette destruction des quantités ξ, ζ, etc. n'a nullement lieu PAR LES PROCÉDÉS MÊMES de ce calcul, comme l'établit la métaphysique que nous examinons.

maintenant expliquer jusqu'à la nature logique de l'erreur qui a entraîné ce vice.

Pour arriver à cette explication, il suffit de découvrir la méprise logique par laquelle, dans la métaphysique en question, on se croit fondé à rejeter les quantités complémentaires ξ, ζ, etc., soit dans les équations auxiliaires (6), soit dans le résultat (5) que donnent ces équations par l'élimination du rapport $\frac{dy}{dx}$. — Or, pour en venir immédiatement au fait, nous dirons que, dans cette prétendue métaphysique, la méprise que nous venons d'indiquer, a lieu de deux manières différentes ; de sorte que la nature logique de l'erreur qui est le fondement du vice de cette doctrine, est de deux espèces différentes, comme nous allons le montrer.

D'abord, en prenant les équations auxiliaires (6) pour l'expression inexacte des conditions du problème, et en supposant que l'erreur qu'impliquent ces équations, porte EXCLUSIVEMENT sur les accroissemens dx et dy contenus dans les mêmes prétendues équations, on commet manifestement une méprise logique en ce qu'on néglige les quantités complémentaires ξ, ζ, etc. En effet, sans ces quantités complémentaires, du moins en les considérant de la manière dont elles sont considérées dans la métaphysique que nous examinons, les équations auxiliaires (6) seraient nécessairement fausses, comme nous l'avons déjà observé plus haut ; d'où il s'ensuit avec la même nécessité, que l'erreur provenant de l'emploi de ces équations, dépendrait non seulement des quantités dx et dy qui entrent dans ces prétendues équations, mais, et cela principalement, cette erreur dépendrait encore des quantités complémentaires ξ, ζ, etc. qui seules manquent dans les équations (6) pour les rendre exactes. Ainsi, en supposant que l'erreur attachée à ces équations, dépende exclusivement des quantités arbitraires dx et dy qui y sont contenues, on néglige manifestement l'influence principale dans cette erreur, savoir, l'influence des quantités complémentaires ξ, ζ, etc. dont l'absence rend précisément inexactes les équations auxiliaires (6) dont il s'agit. Pour nous en convaincre mieux, considérons ces quantités complémentaires ξ, ζ, etc. comme formant plusieurs classes, savoir, ξ', ζ', etc., ξ'', ζ'', etc., ξ''', ζ''', etc., etc. (*); et supposons qu'on sous-entende dans les équations (6) au moins une de ces classes, par exemple, la classe ξ', ζ', etc. Puisque toutes les autres classes de ces quantités complémentaires seraient considérées comme n'entrant pas dans les équations (6), il est clair que ces équations seraient toujours inexactes ou fausses; et puisque, de plus, l'erreur provenant de l'emploi de ces équations inexactes, pourrait être atténuée à volonté par la diminution des quantités dx et dy, et des quantités ξ', ζ', etc. qu'on suppose y entrer, il est également clair que, suivant l'argumentation même de la métaphysique en question, l'erreur dont il s'agit dépendrait non seulement des quantités dx et dy, mais encore des quantités ξ', ζ', etc. Ainsi, en supposant que l'erreur attachée à l'emploi des équations (6) dépende EXCLUSIVEMENT des quantités dx et dy, comme le fait la métaphysique qui nous occupe, on néglige très manifestement les différentes classes ξ', ζ', etc., ξ'', ζ'', etc., ξ''', ζ''', etc. etc. des quantités complémentaires ξ, ζ, etc.; car, ce que nous venons de prouver pour la classe ξ', ζ', etc. de ces quantités, s'étend évidemment aux autres classes des mêmes quantités. Mais, pour pouvoir ainsi négliger ces quantités complé-

(*) Ces différentes classes de quantités complémentaires répondent ici visiblement aux différens ordres supérieurs de quantités infinitésimales, qu'on néglige dans les équations différentielles; ou, du moins, elles répondent aux différentes parties d'un même ordre supérieur de quantités infinitésimales, négligé dans une équation différentielle.

mentaires, il faudrait l'un des deux : ou 1.°, il faudrait que l'influence de ces quantités dans les équations auxiliaires (6), fût rigoureusement nulle ; ou 2.°, il faudrait que cette influence se détruisît dans le résultat (5) que donnent ces équations par l'élimination du rapport $\frac{dy}{dx}$, c'est-à-dire, il faudrait que les quantités complémentaires ξ, ζ, etc. se détruisissent entre elles dans le résultat (5) de la question. La première de ces conditions n'est possible que par le PRINCIPE MÊME du calcul différentiel, savoir, par le principe que les quantités des ordres inférieurs de grandeur, sont nulles devant les quantités des ordres supérieurs de grandeur ; et la seconde de ces conditions n'est possible que par le FAIT MÊME du calcul différentiel, savoir, par le fait que les quantités négligées dans les opérations de ce calcul, se détruisent dans les résultats. Ce n'est donc que PAR LA NATURE MÊME DU CALCUL DIFFÉRENTIEL, et spécialement par son PRINCIPE ou par son FAIT MÊME, que la métaphysique que nous examinons peut négliger l'influence des quantités complémentaires ξ, ζ, etc. dans les équations auxiliaires (6), et qu'elle peut ne faire dépendre que des seules quantités dx et dy l'erreur attachée à l'emploi de ces équations.

Il s'ensuit tout clairement que la nature logique de la méprise qui, sous ce premier point de vue, entraîne le vice de la métaphysique en question, est ce qu'on appelle PÉTITION DE PRINCIPE (*petitio principii*).

Cependant, quelque subtil que soit ici ce vice logique de la métaphysique qui nous occupe, et quoique ce vice soit fondamental dans la première et même dans la seconde édition de cette métaphysique, il n'a pu, à la longue, échapper entièrement à l'esprit profond et juste de l'auteur que nous combattons. En effet, voulant négliger l'influence des quantités ξ, ζ, etc. dans l'erreur provenant de l'emploi des équations auxiliaires (6), et devant, en même tems, éviter l'absurdité qu'impliquait cette manière de voir prise dans toute sa nudité, l'auteur dont il s'agit a dû, au moins confusément, pressentir le vice que nous venons de signaler; et c'est sans doute à ce pressentiment logique que nous devons une espèce d'amendement que, dans la seconde édition, cet auteur apporte au vice fondamental de sa métaphysique, en déclarant expressément, à l'article où il parle de la méthode des coefficiens indéterminés, que les quantités complémentaires ξ, ζ, etc. sont toujours au moins sous-entendues dans les équations auxiliaires (6), et dans toutes les autres équations qu'on en déduit. Mais, par un malheur inévitable, attaché à la nature même de la question, cet amendement de l'auteur entraîne un vice nouveau et accessoire. — C'est là la seconde méprise logique que nous avons annoncée plus haut, et dont nous allons donner également l'explication.

En partant de l'équation . . . (12)

$$0 = A + Bx + Cx^2 + Dx^3 + \text{etc.},$$

dans laquelle les coefficiens A, B, C, D, etc. sont des quantités constantes, et x une quantité variable et quelconque, l'auteur de la métaphysique dont il est question, reproduit d'abord le principe fondamental de la méthode des coefficiens indéterminés, savoir, qu'on a toujours . . . (13)

$$A = 0, \quad B = 0, \quad C = 0, \quad D = 0, \quad \text{etc.}$$

Ensuite, en se bornant aux deux premiers termes de l'équation (12), savoir, à l'équation . . . (14)

$$0 = A + Bx,$$

et en observant que le second terme Bx de cette équation peut être diminué à volonté, à cause de la quantité variable et arbitraire x, l'auteur de la métaphysique tire, du principe précédent (13) de la méthode des coefficiens indéterminés, le corollaire suivant : . . . (15)

« *Si la somme ou la différence de deux prétendues quantités est*
« *égale à zéro, et que l'une des deux puisse être supposée aussi*
« *petite qu'on le veut, tandis que l'autre ne renferme aucune*
« *arbitraire, ces deux prétendues quantités seront chacune en*
« *particulier egales à zéro.* »

Ce corollaire une fois établi, l'auteur de la métaphysique en question évite ou du moins atténue la pétition de principe qui, ainsi que nous l'avons reconnu plus haut, constitue le vice logique principal de sa métaphysique. En effet, on n'a plus besoin alors de négliger, du moins explicitement, les quantités complémentaires ξ, ζ, etc., lesquelles, lorsqu'on ne peut les négliger en vertu du principe ou du fait même du Calcul différentiel, entrent nécessairement, sous la sauve-garde de l'absurdité, dans les équations auxiliaires (6), et dans toutes les équations qui sont déduites de ces dernières. Prenant donc ces équations (6) et l'équation (5) qui en est déduite, dans l'état de vérité où elles impliquent les quantités complémentaires ξ, ζ, etc., comme nous les avons considérées sous les marques (6)' et (5)', savoir,

$$(6)' \ldots \begin{cases} f_1\left(x, y, \dfrac{dy}{dx}, p, q, \text{etc.}, \xi, \zeta, \text{etc.}\right) = 0 \\ f_2\left(x, y, \dfrac{dy}{dx}, p, q, \text{etc.}, \xi, \zeta, \text{etc.}\right) = 0, \end{cases}$$

$$(5)' \ldots \quad \Phi\,(x, y, p, q, \text{etc.}, \xi, \zeta, \text{etc.}) = 0;$$

il suffit de transformer, par le moyen de développement des fonctions en séries, les fonctions f_1, f_2 et Φ en deux termes, dont l'un se trouve indépendant des quantités arbitraires ξ, ζ, etc., et l'autre dépendant de ces quantités et les ayant pour facteurs. De cette ma-

3

nière, les équations (6)' et (5)' se trouveront ramenées à la forme de l'équation (14); et on peut, en vertu du corollaire (15) déduit de cette équation (14), négliger les termes dépendans des quantités arbitraires ξ, ζ, etc. dans les équations transformées (6)' et (5)', parceque, suivant ce corollaire, les termes que nous venons de nommer sont, par eux-mêmes, égaux à zéro.

Tout cela est bien.—Mais, si cet opportun corollaire (15) ne se trouvait lui-même établi que par la métaphysique dont il est question; qu'en serait-il alors de cette métaphysique? La réponse est facile. —Cependant, avant de nommer ce nouveau vice logique, prouvons que le corollaire dont il s'agit, n'est réellement établi que par la métaphysique même qu'il devait fonder.

Pour établir le corollaire (15), l'auteur de cette doctrine a évidemment besoin du principe fondamental (13) de la méthode des coefficiens indéterminés; car, comme nous l'avons vu, ce n'est que par le moyen de ce principe qu'il peut arriver au corollaire en question. Mais ce principe (13), qui est très vrai, se trouve fondé sur une circonstance qui n'est nullement favorable à la métaphysique de notre auteur, savoir, sur la circonstance de ce que, dans l'équation indéterminée (12), la variable arbitraire x peut être un zéro absolu. En effet, faisant dans cette équation $x=0$, on a immédiatement $A=0$, et, puisque $A=0$, l'équation (12), en la divisant par x, se réduit à

$$0 = B + Cx + Dx^2 + \text{etc.};$$

de sorte que, faisant de nouveau $x=0$, on a encore immédiatement $B=0$; et ainsi de suite $C=0$, $D=0$, etc. Le principe (13) est donc vrai, mais la source de cette vérité, qui est la circonstance que x peut être un zéro absolu, n'est nullement favorable à la métaphysique dont il est question; car, dans cette métaphysique, où il s'agit de ramener, à la forme de l'équation (14), des équations telles que les équations précédentes (6)′ et (5)′, les quantités qui correspondent à la variable arbitraire x de l'équation (14), savoir, les quantités complémentaires ξ, ζ, etc. des équations (6)′ et (5)′, ne sauraient être des zéros absolus, parceque, dans ce cas, comme nous l'avons déjà observé plus haut, les équations auxiliaires (6)′ seraient tout-à-fait insignifiantes, à cause que la quantité $\frac{0}{0}$ qui entrerait dans ces équations, est absolument indéterminée. Ainsi, l'auteur de la métaphysique qui nous occupe, a été forcé de chercher une autre source à la vérité du principe fondamental (13) de la méthode des coefficiens indéterminés ; et c'est précisément dans cet écart forcé qu'il a commis, et qu'il a même dû commettre une nouvelle méprise logique. — Voici, d'abord, ses propres argumentations : . . . (16)

« Puisque, dans l'équation (12), on peut supposer x aussi petite « qu'on le veut, on pourra aussi rendre aussi petite qu'on le voudra « la somme de tous les termes qui ont x pour facteur, c'est-à-dire, « la somme de tous les termes qui suivent le premier. Donc, ce pre- « mier terme A diffère aussi peu qu'on le veut de zéro ; mais A étant « une constante, ne peut différer aussi peu qu'on le veut de zéro, « puisque alors elle serait variable : donc elle ne peut être que zéro : « donc on a déjà $A=0$; il reste donc

$$Bx + Cx^2 + Dx^3 + \text{etc.} = 0 :$$

« je divise tout par x, et j'ai

$$B + Cx + Dx^2 = 0,$$

« d'où l'on tire $B=0$, par la même raison qu'on a donnée pour « prouver qu'on avait $A=0$; le même raisonnement prouvera qu'on « a pareillement

$$C = 0, \quad D = 0, \quad \text{etc.} »$$

C'est de cette manière que l'auteur de la métaphysique en question, croit pouvoir prouver le principe fondamental (13) de la méthode des coefficiens indéterminés, dont il a besoin pour sa métaphysique; et cela pour éviter la vraie source de ce principe, laquelle, comme nous l'avons déjà dit, consiste en ce que, dans l'équation (12), la variable arbitraire x peut être un zéro absolu. Mais malheureusement cette preuve ou cette déduction du principe de la méthode des indéterminées, en considérant cette déduction en elle-même et avec abstraction du grand principe du Calcul différentiel, est fautive. En effet, de ce que, dans l'équation (12), la quantité A peut différer de zéro aussi peu qu'on le veut, en diminuant continuellement la variable arbitraire x, sans cependant pouvoir la réduire à un zéro absolu, il ne s'ensuit nullement que cette quantité A soit rigoureusement égale à zéro; car, A pourrait différer de zéro d'une quantité indéfiniment petite et telle que, quelle que soit la diminution qu'on donne à x et que, DANS LES CONDITIONS DU TEMS, il soit possible de lui donner, on ne puisse JAMAIS atteindre à cette différence indéfiniment petite de A avec zéro. Il est vrai que, dans ce cas, la quantité A serait réellement égale à zéro, et cela de la manière la plus rigoureuse; mais cette rigueur de la vérité de ce que, dans le cas supposé, on a $A=0$, ne s'établit point par elle-même : elle ne s'établit précisément que par le grand principe du Calcul différentiel, savoir, par le principe que deux quantités qui ne diffèrent entre elles que d'une quantité indéfiniment petite, sont rigoureusement égales. Ne pouvant donc croire que l'auteur de la déduction dont il est actuellement question, ait commis cette nouvelle pétition de principe, celle de supposer le grand principe du Calcul différentiel, parceque ce vice logique est ici trop apparent pour avoir pu échapper à un esprit aussi profond, nous ne pouvons attribuer la défectuosité de cette déduction, qu'à ce que l'auteur établit ou fonde cette déduction sur les principes fautifs de sa métaphysique. Et, en effet, toute cette déduction du principe fondamental (13) de la méthode des coefficiens indéterminés, telle que nous l'avons rapportée littéralement ci-dessus sous la marque (16), n'est au fond qu'une application du premier des cinq corollaires que l'auteur croit tirer de la proposition qu'il nomme *principe fondamental* de sa métaphysique (*Voyez n°.* 24, *page* 30 *de son ouvrage*).

Mais, pour procéder méthodiquement dans cette dernière exposition, nous allons remonter jusqu'au principe le plus général de la métaphysique dont il s'agit. — Nous avons déjà exposé plus haut le principe général algorithmique de cette métaphysique; et effectivement, c'est de ce seul principe que dérivent toutes les applications que l'auteur fait de sa métaphysique pour déduire les principes du Calcul infinitésimal. Mais ce principe algorithmique de la métaphysique en question, n'est que la détermination algébrique d'un principe philosophique supérieur qui, à l'insu peut-être de l'auteur de cette métaphysique, sert de premier fondement à toutes les argumentations de cette doctrine. Ce principe philosophique supérieur est : . . . (17)

Dans des relations quelconques de plusieurs quantités non-arbitraires, où il entre, de plus, une ou plusieurs quantités arbitraires qu'on peut supposer aussi petites qu'on le veut, on peut toujours éliminer ces quantités arbitraires; et la relation résultante entre les quantités non-arbitraires, sera rigoureusement vraie.

On voit, en effet, que le principe algorithmique que nous avons exposé plus haut sous les marques (1), (2), (3), . . . (11), n'est qu'une détermination algébrique du principe philosophique précédent (17); détermination qui le rend propre à la déduction des principes du Calcul infinitésimal.

Or, la proposition que l'auteur de la métaphysique nomme *principe fondamental* de sa métaphysique, et qui, dans son ouvrage, porte le n°. 24, est. . . (18)

> « *Deux quantités non-arbitraires ne peuvent différer entre elles*
> « *que d'une quantité non-arbitraire.* »

Un peu de réflexion suffit pour s'apercevoir que cette dernière proposition (18) n'est qu'un cas particulier, et même le cas le plus particulier de la CONDITION PUREMENT NÉGATIVE de notre proposition générale (17), c'est-à-dire, un cas particulier de la condition négative suivante. . . . (19)

> *Dans des relations quelconques de plusieurs quantités, où il n'entre pas de quantités qu'on peut supposer telles qu'on le veut, les quantités formant ces relations sont toutes non-arbitraires.*

Cet état logiquement négatif de la proposition (18) que l'auteur de la métaphysique croit être son PRINCIPE FONDAMENTAL, est ici précisément la cause de ce que cette proposition, prise en elle-même, n'est susceptible d'aucune, absolument d'aucune application; quand même cette proposition ne serait pas d'ailleurs une simple proposition tautologique, circonstance qui suffirait déjà pour la rendre inutile. Aussi, pour en venir à l'application, l'auteur de la métaphysique est-il forcé de poser cinq nouvelles propositions, portant les n°s. 25, 26, 27, 28 et 29 dans son ouvrage; propositions que, sous le nom de *corollaires*, il croit tirer de la proposition (18) qu'il prend pour son principe fondamental. Ces prétendus corollaires sont . . . (20)

1.°) « *Deux quantités non-arbitraires sont rigoureusement égales entre elles, du moment que leur différence prétendue peut* « *être supposée aussi petite qu'on le veut.* »

2.°) « *Pour être certain que deux quantités non-arbitraires sont* « *rigoureusement égales, il suffit de prouver que leur diffé-* « *rence, s'il y en avait une, ne saurait être une quantité non-* « *arbitraire.* »

3.°) « *Toute valeur qu'on peut rendre aussi approximative qu'on* « *le veut de la véritable quantité qu'elle représente, sans qu'il* « *soit besoin pour cela de rien changer ni à l'une ni à l'autre,* « *est nécessairement et rigoureusement exacte.* »

4.°) « *Toute quantité qu'on est maître de supposer aussi petite* « *qu'on le veut, peut être négligée comme absolument nulle,* « *en comparaison de toute autre quantité qui ne peut être,* « *comme la première, supposée aussi petite qu'on le veut; sans* « *que les erreurs qui peuvent naître ainsi dans le cours du* « *calcul puissent en affecter le résultat, du moment que toutes* « *les quantités arbitraires en seront éliminées.* »

5.°) « *Toute quantité dont le rapport avec une autre quantité peut* « *être supposé aussi petit que l'on veut, peut être negligée* « *comme absolument nulle en comparaison de cette dernière,* « *sans que les erreurs auxquelles cela peut donner lieu dans le* « *cours du calcul, puissent en affecter les résultats, du mo-* « *ment que toutes les quantités arbitraires en sont éliminées.* »

Encore ici, un peu de réflexion suffit pour reconnaître que ces cinq nouvelles propositions ne sont que des cas particuliers de notre proposition générale (17), mais, cette fois-ci, en prenant cette proposition générale DANS L'ÉTAT POSITIF où elle se trouve effectivement; et de là vient précisément l'utilité logique de ces cinq prétendus corollaires.—Nous pourrions prouver avec facilité que ces soi-disant corollaires ne dérivent nullement de la proposition (18), purement tautologique et même négative (*ex puris negativis nihil sequitur*), dont les croit tirer l'auteur de la métaphysique ; en prenant ici le mot de *dérivation* ou de *déduction* dans sa véritable acception logique, savoir, que les propositions déduites doivent être contenues dans la proposition dont on les déduit : il suffirait, pour donner cette preuve de la manière la plus rigoureuse, de montrer que, dans le cas en question, les propositions (20) formant les cinq prétendus corollaires de l'auteur de la métaphysique, sont de véritables JUGEMENS SYNTHÉTIQUES fondés à priori sur un principe étranger que nous nommerons ci-après ; tandis que la proposition (18) que cet auteur donne pour son principe fondamental, n'est qu'un JUGEMENT ANALYTIQUE fondé tout simplement sur ce qu'on nomme en logique *principium identitatis et contradictionis*, et que, par conséquent, cette proposition (18), si elle se trouve logiquement liée avec les cinq propositions (20), ne peut former que la condition négative (*conditio sine qua non*), et nullement la condition positive même de la vérité de ces propositions. Mais, pour notre but, il ne nous importe point de nous assurer de la véritable subordination ou co-ordination logique des propositions (18) et (20) : nous n'avons fait cette remarque qu'en passant pour montrer aux géomètres combien il est dangereux pour eux de se mêler d'argumentations philosophiques. — Revenons donc à notre objet.

Quoi qu'il en soit de cette subordination ou co-ordination logique des propositions (20) et (18), il est clair que ces dernières ne sont que des cas particuliers de notre proposition générale (17) ; et nommément que les propositions (20) sont des cas particuliers de cette proposition générale elle-même, telle qu'elle se trouve effectivement exposée sous la marque (17), et que la proposition (18) n'est qu'un cas particulier de la simple condition négative de la même proposition générale, c'est-à-dire de la simple condition négative telle qu'elle se trouve exposée sous la marque (19). Ainsi, considérant la métaphysique que nous examinons, sous un point de vue général ou purement philosophique, il suffit de nous attacher à la seule proposition (17) qui, sous ce point de vue, en est incontestablement le vrai principe; tout comme plus haut, en considérant cette métaphysique sous le point de vue particulier ou algorithmique, il nous a suffi de nous attacher au principe algorithmique de cette métaphysique, exposé sous les marques (1), (2), (3), ... (11), principe qui, comme nous l'avons déjà remarqué, est la détermination algébrique du principe philosophique (17).

Donc, pour reconnaître si le corollaire rapporté plus haut sous la marque (15), par lequel l'auteur de la métaphysique parvient à éviter ou du moins à atténuer la pétition de principe qui est le vice logique principal de cette métaphysique, pour reconnaître, disons-nous, si ce corollaire n'est lui-même établi que par cette métaphysique, car, c'est là pourquoi nous sommes remontés jusqu'aux principes les plus généraux de cette doctrine, il suffit de comparer ce corollaire (15) avec le principe philosophique général (17). Or, cette comparaison très facile donne malheureusement pour résultat que le corollaire (15) dont il est question, n'est immédiatement qu'un cas particulier du principe philosophique général (17); en effet, ce corollaire (15) n'est rien autre que la première des cinq propositions (20). Donc, le corollaire (15) ne se trouvant établi que par la métaphysique même qu'il sert à sauver du vice logique principal, savoir, du vice d'être une pétition de principe, cette manière de sauver le premier vice est évidemment un vice logique nouveau et accessoire, nommé CERCLE VICIEUX (*circulus in probando*).

Il résulte donc irréfragablement de notre examen de la métaphysique qui est l'objet de ce Mémoire, que cette métaphysique n'est d'abord, dans son principe fondamental, qu'une simple pétition de principe qui en est le vice logique principal, et que, de plus, cette métaphysique, voulant sauver ce premier vice, implique en outre un cercle logique qui en est un vice nouveau et accessoire. En effet, c'est ce qui résulte irréfragablement, du moins dans la voie de la raison, d'abord, de l'examen que nous avons fait du principe algorithmique de cette métaphysique, exposé sous les marques (1), (2), (3), ... (11), et, ensuite, de l'examen du corollaire (15) par lequel cette métaphysique voudrait sauver son premier vice. — Nous pourrions donc terminer ici l'examen que nous nous sommes proposé; mais, pour ne laisser rien à désirer, pour compléter cet examen sous tous les points de vue possibles, nous allons encore jeter un coup d'œil critique sur le principe le plus général et purement philosophique de la doctrine dont il est question, savoir, sur la proposition (17) qui, comme nous l'avons déjà reconnu, forme ce principe philosophique ou le plus général. Nous devons au reste, dans ce nouvel examen, retrouver ce que nous avons déjà découvert par l'examen du principe général algorithmique de la doctrine qui nous occupe; c'est-à-dire que, dans l'examen du principe philosophique dont la détermination algébrique forme le principe algorithmique de cette doctrine, nous devons retrouver que la doctrine en question n'est principalement qu'une PÉTITION DE PRINCIPE; et cet accord fournirait, s'il en était besoin, une mesure nouvelle du degré de certitude que nous pouvons attacher à nos conclusions.

Or, pour peu qu'on examine cette proposition (17), formant le principe philosophique ou le plus général de la métaphysique en question, on découvre bientôt que cette proposition, prise en elle-même, n'est vraie que lorsque les quantités dont il y est question, sont considérées comme étant du même ordre de grandeur, par exemple, lorsque ces quantités sont toutes finies. En effet, si l'on admet parmi ces quantités différens ordres de grandeur, par exemple, si l'on y admet des quantités finies et des quantités indéfiniment petites, il ne sera nullement vrai, du moins d'une manière immédiate, que la relation entre les quantités non-arbitraires, résultante de l'élimination des quantités arbitraires, soit RIGOUREUSEMENT VRAIE; car, on conçoit que, dans la relation de quantités qui est l'objet de la proposition (17), il pourrait entrer, et cela précisément par le moyen des quantités arbitraires qui y sont impliquées, des quantités indéfiniment petites et telles que, quelle que soit la diminution qu'on donne et que, SUIVANT LES CONDITIONS DU TEMPS, on puisse donner à ces quantités arbitraires, on ne pourrait JAMAIS atteindre à ces quantités indéfiniment petites, formant aussi des parties constituantes de la relation dont il s'agit. Par exemple, si, suivant la première des cinq propositions (20) qui, comme nous l'avons reconnu, sont des cas particuliers de la proposition générale (17), la différence de deux quantités non-arbitraires se trouvait arbitraire et telle qu'on pût la diminuer à volonté, il ne serait nullement vrai, du moins d'une manière immédiate, que ces deux quantités fussent rigoureusement égales; car, ces deux quantités pourraient différer d'une quantité indéfiniment petite, contenue précisément dans la différence arbitraire ou du moins introduite par cette différence arbitraire, et telle que, quelque diminution qu'on donne et que, SUIVANT LES CONDITIONS DU TEMS, on puisse donner à cette différence, on ne pourrait JAMAIS atteindre à cette quantité indéfiniment petite, formant ainsi une partie constituante de la relation de ces quantités. — Ce que nous venons de reconnaître dans la proposition générale (17) et, pour avoir un exemple, dans la première des cinq propositions (20), peut être constaté facilement dans tous les autres cas particuliers de la proposition générale (17), et spécialement dans les quatre autres des cinq propositions (20) formant de ces cas particuliers (*).

Il est donc incontestable que la proposition générale (17) et toutes les propositions particulières (20), formant les principes les plus généraux de la métaphysique qui nous occupe, ne sont vraies, DU MOINS PAR ELLES-MÊMES OU IMMÉDIATEMENT, que lorsque les quantités dont il s'agit dans ces propositions, sont du même ordre de grandeur. — Cependant, quels que soient les différens ordres de grandeur des quantités entrant dans les propositions que nous venons de nommer, nous savons d'ailleurs, et cela avec une certitude apodictique, que ces propositions sont toujours vraies. Donc, puisque, dans le cas de différens ordres de grandeur, ces propositions ne reçoivent point leur vérité par elles-mêmes ou immédiatement, ainsi que nous venons de le reconnaître, il faut bien qu'elles la reçoivent de quelque principe étranger; et c'est précisément ce principe que nous avons déjà mentionné plus haut, en parlant de la nature des cinq propositions (20), où nous avons avancé que, dans le cas dont il est question, ces propositions sont des jugemens synthé-

(*) Quant à la proposition (18) que l'auteur de la métaphysique prend pour le *principe fondamental*, nous avons déjà remarqué que cette proposition, d'ailleurs purement tautologique, n'est que la condition négative des propositions (20), et même un cas particulier de la condition purement négative de la proposition générale (17): comme tautologique, cette proposition est certainement vraie par elle-même; mais aussi, comme telle, elle ne saurait conduire à aucune conséquence. C'est pourquoi nous en négligeons ici la considération, d'autant plus que notre auteur lui-même ne fonde ses applications que sur les cinq propositions (20) que nous embrassons ici dans la proposition générale (17). Au reste, en considérant cette proposition tautologique comme un cas particulier de la condition négative de la proposition générale (17), nous embrassons même cette proposition tautologique dans notre proposition générale; mais cela ne sert ici absolument à rien.

tiques fondés à priori sur un principe étranger. Or, ce principe étranger sur lequel se trouve fondée la vérité des propositions particulières (20), et généralement de la proposition (17), dans le cas où les quantités qui entrent dans ces propositions sont de différens ordres de grandeur, ce principe étranger, disons-nous, est évidemment LE GRAND ET PREMIER PRINCIPE DU CALCUL INFINITÉSIMAL, savoir, le principe que deux quantités qui ne diffèrent entre elles que d'une quantité indéfiniment plus petite, sont égales (*).

Ainsi, dans le cas précisément où la métaphysique que nous examinons peut prétendre à l'explication des principes du Calcul infinitésimal, c'est-à-dire, dans le cas où les quantités qui entrent dans les propositions (17) et (20), formant les principes les plus généraux de cette métaphysique, peuvent être de différens ordres de grandeur, ces propositions ne reçoivent leur vérité que par le principe même du Calcul infinitésimal. Donc, comme nous l'avons déjà reconnu par l'examen du principe algorithmique, nous retrouvons ici, de la manière la plus générale par l'examen du principe phi-

(*) Il s'ensuit que, puisque, dans le cas de différens ordres de grandeur, les propositions (20) sont évidemment des jugemens synthétiques fondés sur un principe étranger, et que, dans tous les cas, la proposition (18), comme proposition purement tautologique, est un jugement analytique fondé tout simplement sur le principe d'identité, il s'ensuit, disons-nous, que, dans le cas dont il est ici question, les propositions (20) ne dérivent nullement de la proposition (18) que notre auteur considère comme leur PRINCIPE FONDAMENTAL. Nous avons déjà indiqué plus haut ce vice de subordination logique, qui se trouve dans les propositions fondamentales de la métaphysique qui nous occupe; mais nous en avons différé la preuve, parceque cette subordination n'était d'aucune importance pour notre but : même ici, où cette preuve se trouve donnée, nous n'attachons aucune importance à cette subordination logique, parceque la métaphysique en question se trouve entièrement fondée sur les cinq propositions (20).

losophique, que la métaphysique dont il s'agit n'est, dans ses premiers fondemens mêmes, rien autre qu'une simple PÉTITION DE PRINCIPE.

FIN DU PREMIER MÉMOIRE.

SECOND MÉMOIRE.

Philosophie du Calcul Infinitésimal.

PHILOSOPHIE

DU CALCUL INFINITÉSIMAL.

Jusqu'ici notre opuscule ne présente qu'une utilité négative, en ce qu'il doit nous prémunir contre des erreurs; et cela contre des erreurs plus funestes qu'on ne le croirait d'abord par leur nature... Pour donner encore une utilité positive à cet opuscule, nous allons présenter les points principaux de la Philosophie du Calcul infinitésimal. — Il est vrai que notre ouvrage sur la Philosophie des Mathématiques n'ayant pas été compris par les géomètres, comme ils l'avouent eux-mêmes (*Voyez le Moniteur cité plus haut*), nous ne pouvons raisonnablement espérer qu'ils comprennent ce que nous allons dire ici sur la Philosophie du calcul infinitésimal, dont les premières notions ont d'ailleurs déjà été exposées dans l'ouvrage que nous venons de rappeler (*Voyez l'article de la déduction métaphysique du Calcul différentiel, pages* 32 *et* 33). Mais le temps viendra sans doute où, possédant les élémens de notre doctrine, les géomètres pourront approfondir nos productions; et alors, peut-être, nous sauront-ils quelque gré d'avoir ici développé plus amplement ces premières notions de la Philosophie du calcul infinitésimal. — Puissent ces développemens servir, en attendant, à produire au moins quelque réserve chez les géomètres, surtout chez une certaine classe de ces savans; et nous obtiendrons plus que malheureusement nous ne pouvons espérer! — Venons au fait.

Avant tout, il faut reconnaître que l'idée de l'INFINI est un produit intellectuel tout-à-fait différent de celui qui constitue la conception d'une quantité FINIE. Ce sont deux fonctions de notre savoir tout-à-fait hétérogènes. L'une, la conception d'une quantité finie, est un produit de l'ENTENDEMENT, qui sert à lier intellectuellement les intuitions que nous avons des objets, ou, si l'on veut, ces objets eux-mêmes; c'est-à-dire, en parlant un langage plus philosophique, la conception d'une quantité finie est un produit de l'Entendement, qui, sous les conditions du tems qui lui sont propres, introduit une unité intellectuelle ou une signification dans l'être opposé au savoir. L'autre des deux fonctions dont il est question, l'idée de l'infini, est un produit de la RAISON, qui, en lui-même, se trouve hors des conditions du tems, et par conséquent inapplicable ou transcendant dans l'usage constitutif que nous faisons du savoir pour la connaissance de l'être, c'est-à-dire, inapplicable dans cet usage particulier du savoir qui constitue les lois de nos connaissances immanentes, ou de nos connaissances qui peuvent être constatées par l'expérience dont la première condition est le tems. Mais, employé au moins d'une manière régulative, en le soumettant, par l'influence du JUGEMENT, aux conditions du tems qui lui sont étrangères, ce produit de la Raison, l'idée de l'infini, transformée ainsi en idée de l'INDÉFINI, sert à lier les conceptions mêmes que nous avons de la quantité; c'est-à-dire, en parlant aussi un langage plus philosophique, l'idée de l'infini où transpire l'ABSOLU, se trouvant, en vertu de la médiation du Jugement, transformée en idée de l'indéfini, par l'application des conditions du tems, sert, au moins régulativement, dans la sphère immanente de nos connaissances, et cela en introduisant la dernière unité ou la dernière signification, non dans l'objet du savoir, dans l'être, mais bien dans les fonctions mêmes du savoir, relatives à la connaissance de la quantité. Ainsi, et c'est ce qu'il faut ici bien remarquer, la conception d'une quantité finie porte toujours sur l'objet du savoir, sur l'être qui est opposé au savoir et qui constitue l'objet de la connaissance ; tandis que l'idée de l'infini qui, par elle-même, se trouve hors des conditions du tems et qui, par conséquent, ne trouve point d'application immédiate à l'objet du savoir ou à l'être qui est opposé à ce dernier, ne peut, en la soumettant, par l'entremise du Jugement, aux conditions du tems, pour l'utiliser dans la sphère de nos connaissances immanentes, c'est-à-dire, en la transformant en idée de l'indéfini, ne peut, disons-nous, porter que sur les fonctions mêmes du savoir, où elle introduit la plus haute unité intellectuelle ou la plus haute signification dans la production même de la connaissance de la quantité. En un mot, la conception d'une quantité finie sert de loi constitutive à des relations possibles dans l'être opposé au savoir ; et l'idée de l'infini, transformée en idée de l'indéfini par l'application des conditions du tems, ne sert que de loi régulative ou de règle à la fonction même du savoir concernant la génération de la connaissance de la quantité.

C'est cette importante distinction transcendantale, qui est le nœud de la métaphysique du Calcul infinitésimal. — En effet, les quantités finies et les quantités indéfinies, c'est-à-dire, les quantités infinitésimales, appartiennent à deux classes de connaissances, tout-à-fait différentes et même hétérogènes : les quantités finies portent sur les objets de nos connaissances, et les quantités infinitésimales portent sur la génération même de ces connaissances ; de sorte que chacune de ces deux classes de connaissances doit avoir des lois propres, et c'est dans la distinction de ces lois que se trouve évidemment le point capital de la métaphysique des quantités infinitésimales.

Pour mieux distinguer ces lois, nous nommons lois *objectives* les lois des quantités finies, parcequ'elles portent sur les objets de nos connaissances; et lois *subjectives* les lois des quantités infinitésimales, parcequ'elles ne portent que sur la génération de nos connaissances relatives à la quantité.

Or, le premier résultat scientifique que nous obtenons de cette distinction transcendantale, est le PRÉCEPTE NÉGATIF de ne pas confondre, dans l'Algorithmie, les lois objectives des quantités finies, avec les lois purement subjectives des quantités infinitésimales. — C'est cette confusion qui est la source de l'inexactitude qu'on croit attachée au Calcul infinitésimal; en effet, en confondant les lois subjectives des quantités infinitésimales, qui ne sont que des règles de notre spéculation sur la génération de la connaissance de la quantité, avec les lois objectives des quantités finies, qui sont des règles de la réalité même de la quantité, et c'est ainsi qu'on est naturellement porté à les confondre, on croit découvrir, dans les procédés du Calcul infinitésimal, une espèce de contradiction logique ou même d'absurdité, provenant, comme on le voit ici, de l'antinomie transcendantale qui se trouve entre les produits de la Raison et ceux de l'Entendement. C'est aussi là le motif qui a porté les géomètres, surtout ceux de nos jours, à considérer le Calcul infinitésimal, que d'ailleurs ils reconnaissaient donner toujours des résultats vrais, comme n'étant qu'un procédé indirect ou artificiel, ou du moins comme étant fondé sur des principes différens des principes simples desquels l'ont déduit les savans qui l'ont découvert. Les géomètres qui ont adopté la première opinion, et de leur nombre est l'auteur de la *Théorie des Fonctions analytiques*, « ont cherché, comme nous « l'avons déjà dit ailleurs, à substituer, au Calcul infinitésimal, un « procédé algorithmique direct et naturel qui, selon eux, en aurait « été la véritable base ». Au contraire, les géomètres qui ont adopté la seconde opinion, et qui, comme nous pouvons en juger actuellement, ont sans doute été doués d'un tact philosophique plus délicat, géomètres au nombre desquels nous nous plaisons à trouver l'auteur des *Réflèxions sur la Métaphysique du Calcul infinitésimal*, se sont bornés à chercher des principes prétendument plus solides pour le calcul dont il s'agit, c'est-à-dire, comme ils l'appellent, à donner la métaphysique de ce calcul. Quant à nous, connaissant la source même de l'erreur de ces deux partis de géomètres, et sachant d'ailleurs que, dans l'état actuel de leurs lumières, il leur était impossible de faire la distinction transcendantale entre les lois objectives des quantités finies et les lois purement subjectives des quantités infinitésimales, nous pouvions, et on en voit maintenant la raison, présumer la nullité de leurs recherches ; aussi, et nous l'avouons franchement, avant même d'avoir lu la *Théorie des Fonctions analytiques* et les *Réflexions sur la Métaphysique du Calcul infinitésimal*, étions-nous assurés, avec une probabilité plus que suffisante, que ces productions étaient fausses. — Mais, revenons à notre objet.

Ayant ainsi évité la confusion des lois objectives des quantités finies, avec les lois purement subjectives des quantités infinitésimales, comme le prescrit le précepte négatif qui est le premier résultat de la distinction transcendantale de ces lois, il faut, pour achever la Métaphysique du Calcul infinitésimal, déduire le principe des lois subjectives qui sont l'objet de ce calcul ; et c'est là évidemment le PRÉCEPTE POSITIF, résultant de la distinction transcendantale dont il est question.

Or, ce principe des lois subjectives faisant l'objet du Calcul infinitésimal, n'est rien autre que le grand principe même du Calcul infinitésimal, savoir, . . . (21)

DEUX QUANTITÉS QUI NE DIFFÈRENT ENTRE ELLES QUE D'UNE QUANTITÉ INDÉFINIMENT PLUS PETITE, SONT RIGOUREUSEMENT ÉGALES.

C'est ce principe qui a tant offusqué les géomètres : ces savans, au lieu de n'y voir qu'une règle subjective pour la génération de la connaissance de la quantité, y ont vu constamment une règle ou une loi objective de la relation même des quantités; et, alors, il n'est point surprenant qu'ils aient méconnu toute la vérité de ce principe. En confondant la quantité indéfinie dont la nature est d'un ordre tout-à-fait différent, avec les quantités finies du moins dans leur rapport, quantités dont il est question dans ce principe, on méconnaissait évidemment jusqu'à la nature des choses, si on peut le dire ainsi; et il fallait bien qu'on méconnût, en même tems, la vérité qui se trouve dans ces choses. Cependant, malgré cette erreur, peut-être un peu grossière, la certitude apodictique attachée au principe dont il s'agit, a forcé les géomètres, tous indistinctement, à payer le tribut qui est dû à la vérité; car, tous les géomètres indistinctement, et il est impossible autrement, ont supposé ce grand principe, explicitement ou du moins implicitement, dans leurs argumentations concernant le Calcul infinitésimal. — Voici, au reste, la déduction métaphysique rigoureuse de ce grand principe.

Puisque, comme nous l'avons reconnu plus haut, les lois des quantités infinitésimales sont purement subjectives, c'est-à-dire que ce ne sont que des règles pour la génération de la connaissance de la quantité, et non des lois objectives de la relation même des quantités, il est vrai immédiatement, et cela non seulement d'une manière intuitive, par un jugement synthétique à priori, comme dans les autres principes des Mathématiques, mais même de plus d'une manière discursive, par le seul principe logique de contradiction, il est vrai, disons-nous, que deux quantités A et B qui ne diffèrent entre elles que d'une quantité INDÉFINIMENT plus petite C, sont rigoureusement égales. Car, l'idée de la quantité infinitésimale C, n'étant qu'une règle pour la génération de la connaissance des quantités de l'ordre de celles qui se trouvent ici en relation, savoir, de l'ordre des quantités *A* et *B*, et non déjà une connaissance acquise ou engendrée de quelque quantité, parceque, comme nous l'avons reconnu, la quantité indéfiniment plus petite *C* n'a, ni elle-même, ni ses parties quelconques, aucune réalité objective dans la sphère de grandeur où se trouvent les quantités *A* et *B*, il est clair que la relation des quantités *A* et *B* dont il est question, considérée dans sa réalité objective, n'est nullement changée par l'influence purement subjective de la quantité infinitésimale *C*. Donc, etc. etc.

Cette déduction qui est d'une rigueur absolue, non seulement démontre la vérité du grand principe du Calcul infininitésimal, mais, de plus, elle a l'avantage de découvrir la nature des raisonnemens dont on se sert dans ce calcul. On voit en effet, par cette déduction, que les argumentations du Calcul infinitésimal portent essentiellement sur les règles que suit notre savoir dans la génération de la connaissance de la quantité, et non, comme on l'a cru jusqu'à ce jour, sur la relation même des quantités, ainsi que cela arrive dans les autres branches des Mathématiques.

Or, le grand principe (21) du Calcul infinitésimal étant reconnu comme vrai, il n'existe plus aucune difficulté pour déduire tous les autres principes de ce calcul, qui tous, comme on le sait, sont étroitement liés avec ce premier principe. Nous nous contenterons donc ici d'en tirer, pour le Calcul différentiel qui forme une des branches du Calcul infinitésimal, ainsi que nous le verrons ci-après, la conclusion immédiate suivante : . . . (22)

Toutes les équations différentielles, en général, ne sont point de simples équations approximatives ou des équations imparfaites, mais bien des équations RIGOUREUSEMENT VRAIES.

C'est là, au grand étonnement sans doute des géomètres, que se trouve le principe absolu de la vérité des résultats que donne le Calcul différentiel, direct et inverse. Pour s'en rendre raison immédiatement, il suffit, en se rappelant ce que nous venons de dire sur la nature des argumentations du Calcul infinitésimal en général, de reconnaître que les équations différentielles ne sont point, comme on l'a cru jusqu'à ce moment, des lois objectives de la relation même des quantités, mais seulement des lois subjectives ou des règles pour la génération de la connaissance des quantités; et, comme telles, les équations différentielles sont effectivement, par elles-mêmes, rigoureusement vraies.

En terminant cet aperçu de la Métaphysique du Calcul infinitésimal, nous croyons pouvoir manifester l'espérance que ceux des géomètres qui approfondiront cette métaphysique, reconnaîtront, sans doute avec peine, avoir inconséquemment repoussé l'infini. Ils comprendront que l'idée de l'INFINI, prise en elle-même, est, à la vérité, transcendante ou inapplicable immédiatement dans la sphère immanente de nos connaissances; mais que cette idée, se trouvant soumise aux conditions du tems, ce qui est possible par une faculté intellectuelle médiatrice, et se trouvant ainsi transformée dans l'idée de l'INDÉFINI, devient un des plus exacts et des plus puissans instrumens de la science (*). Et en effet, cette idée régulative de l'indéfini

(*) M. Lacroix, dans la seconde édition de son *Traité du Calcul différentiel et du Cacul intégral*, dit (*Préface, note de la page* XIX) que « le mot *indéfini* qu'on a souvent substitué au mot *infini*, n'est qu'une faute d'expression, car l'*indéfini* peut avoir « des limites ». — Nous pensons qu'en approfondissant ce que, dans ce Mémoire, nous

nous donne, au delà pour ainsi dire de toute attente, les règles pour la génération de la connaissance même de la quantité; ce qui, sans contredit, est l'emploi le plus sublime des fonctions de notre savoir. Aussi les géomètres savent-ils quelle est l'incomparable importance du Calcul infinitésimal, et surtout du Calcul différentiel, relativement à tous les autres procédés des Mathématiques. Nous pensons que cette répugnance si fortement établie pour l'idée de l'infini, sera vaincue d'autant plus facilement, que, de cette manière, les géomètres se tireront de la contradiction manifeste où, à leur honte, ils se trouvent plongés, en repoussant, d'une part, l'idée de l'infini, et en cultivant, de l'autre part, des quantités irrationnelles, transcendantes, des séries et mille autres fonctions qui, sans l'idée de l'infini, ne signifient rien, absolument rien. Nous avons déjà indiqué ailleurs (*Réfutation de la Théorie des fonctions analytiques, à la fin du premier Mémoire*) l'origine de cette inconséquence logique de la part des géomètres, de vouloir éviter l'idée de l'infini, ce plus sublime instrument de leurs hautes occupations : nous y avons vu que cette inconséquence n'est que le résultat d'une imitation servile des géomètres anciens, où tout le tort tombe sur les géomètres mo-

---

venons de dire sur la génération transcendantale de l'idée de l'INDÉFINI au moyen de l'idée de l'INFINI, M. Lacroix comprendra qu'il faut beaucoup plus qu'il ne l'avoit cru, pour hasarder une opinion dans de pareilles questions. Cependant, pour rendre utile cette erreur de M. Lacroix, nous devons, suivant notre maxime, indiquer jusqu'à la source de cette erreur : elle consiste tout simplement en ce que M. Lacroix a confondu le mot INDÉFINI avec le mot INDÉTERMINÉ. En effet, l'INDÉTERMINATION d'un objet, qui porte purement sur la spécification de ce dernier, n'exclut que dans la conception de l'objet, et non dans cet objet lui-même, les LIMITES ou TERMES de sa détermination; de sorte qu'on peut dire que l'*indéterminé peut avoir des limites,* c'est-à-dire qu'une chose indéterminée peut être déterminée, parceque le GENRE peut avoir des ESPÈCES; et c'est là ce que M. Lacroix a voulu dire, en confondant le mot *indéfini* avec le mot *indéterminé.*

dernes. Sans doute, après ce que nous venons de dire sur la Métaphysique du Calcul infinitésimal, les géomètres pourront mieux comprendre le vrai sens du passage que nous venons de rappeler ; et, pour cela, nous allons le transcrire ici tout entier.

« C'est ici l'à-propos . . . . de faire remarquer l'inconvenance de « cette imitation servile des géomètres anciens, d'éviter l'idée de « l'infini et de ce qui en dépend ; imitation qui paraît une loi de « plusieurs géomètres modernes. — Les anciens, qui ne connaissaient « pas même la nature des nombres dits *irrationnels*, qu'ils croyaient « être des nombres imparfaits, et qui, par conséquent, n'avaient « nulle idée d'une GÉNÉRATION INDÉFINIE des nombres, étaient assez « conséquens en excluant, de leurs recherches mathématiques, « l'idée de l'infini et de tout ce qui paraissait impliquer cette idée ; « mais, depuis que Leibnitz a fait l'incomparable découverte de cette « génération INDÉFINIE (*), et qu'il a démontré ainsi la possibilité de « concevoir l'infini dans toutes ses déterminations idéales, et cela « par le moyen de lois précises et rigoureusement logiques, le soin « d'éviter l'idée de l'infini dans des recherches mathématiques, prouve « incontestablement, outre une routine aveugle, une véritable igno- « rance de la signification de cette idée. Et nous ne craignons pas « d'avouer que nous croyons anticiper sur le jugement de la postérité « en déclarant que, quelque grands que puissent être d'ailleurs les « travaux de certains géomètres, le soin qu'ils mettent à imiter les « anciens dans l'exclusion de l'idée de l'infini, prouve, d'une manière « irréfragable, qu'ils ne sont pas à la hauteur à laquelle la science est « portée depuis Leibnitz ; puisqu'ils évitent cette région élevée où se « trouve le principe de la génération des quantités, et par consé-

(*) C'est Descartes qui le premier a introduit le mot *indéfini* (*indefinitum*). Mais c'est, sans contredit, Leibnitz qui le premier en a saisi le mieux la vraie signification.

« quent, la véritable source des lois mathématiques, pour venir ram-
« per dans la région des sens, la seule connue des géomètres anciens,
« où l'on ne trouve que le grossier mécanisme des calculs. »

Après avoir exposé sa doctrine, l'auteur des *Réflexions sur la Métaphysique du Calcul infinitésimal* examine la valeur que, suivant cette doctrine, ont les diverses méthodes infinitésimales. Pour compléter nos *Contre-Réflexions*, ou plutôt pour compléter l'aperçu que nous venons de présenter sur la vraie Métaphysique du Calcul infinitésimal, nous allons pareillement jeter un coup d'œil philosophique sur ces méthodes, et nommément nous allons déduire, de principes à priori, la classification des différentes méthodes infinitésimales; classification qui nous mettra à même d'apprécier la vraie valeur de ces différentes méthodes. — Mais, nous le ferons avec la plus grande rapidité, seulement pour laisser entrevoir ce qu'en véritable philosophie, on doit penser de ces diverses méthodes infinitésimales; car, devant publier l'Histoire philosophique des Mathématiques, ainsi que nous l'avons déjà annoncé ailleurs, nous aurons une meilleure occasion de traiter plus en détail le même objet. C'est pour la même raison que nons nous bornerons ici à présenter les résultats de nos recherches, en nous dispensant en attendant d'alléguer, dans tous les détails, leur déduction philosophique. — Voici ces résultats.

L'infini, non seulement est un instrument exact des recherches mathématiques, mais encore il est l'élément le plus important des vérités mathématiques elles-mêmes. Nous dirons plus : CE N'EST QUE PAR L'INFINI QU'EST POSSIBLE LA SCIENCE DES MATHÉMATIQUES. En effet, sans l'infini, nous n'aurions, en Géométrie, que des lignes droites, et, en Algorithmie, que la simple sommation (addition et soustraction); et l'on voit bien si, avec ces élémens grossiers, on aurait pu construire une science. Nous avons déjà montré, dans notre Philosophie des Mathématiques (*Voyez le Tableau architectonique et les pages* 162 et 181 *de cet ouvrage*), que le fondement de la science du géomètre, jusque dans sa possibilité, est la CONTINUITÉ de la génération des quantités ; et il ne faut pas beaucoup d'efforts pour comprendre qu'à son tour, cette continuité de génération n'est possible que par l'idée de l'infini.

Ainsi, loin d'exclure l'idée sublime de l'infini, toutes les recherches mathématiques tendent directement ou indirectement, d'une manière explicite ou implicite, vers ce dernier but de la science. — Élevés jusqu'à ce nouveau point de vue, qui est sans doute bien opposé à la tendance générale des géomètres de nos jours, ces savans n'auront pas de peine à comprendre que toutes les méthodes mathématiques doivent, d'une manière quelconque, contenir l'idée de l'infini. Et, alors, ils comprendront aussi qu'on peut donner à priori une classification de ces méthodes ; et ils reconnaîtront, en même tems, quel est le degré de certitude de la classification que nous allons leur présenter, du moins pour celles de ces méthodes qui contiennent EXPLICITEMENT l'infini, et dont l'ensemble, formant le Calcul infinitésimal, peut seul nous intéresser ici (*). — Voici cette classification.

Les méthodes mathématiques qui contiennent explicitement l'idée

(*) Nous pouvons nous dispenser, pour le but de cet opuscule, de joindre ici la classification de celles des méthodes mathématiques qui ne contiennent l'infini qu'IMPLICITEMENT. Nous donnerons la classification complète des méthodes mathématiques dans l'Histoire philosophique des Mathématiques, où cette classification nous servira précisément pour apprécier le degré d'importance des découvertes qu'on a faites dans ces sciences.

de l'infini, c'est-à-dire, les méthodes infinitésimales, sont celles qui remontent JUSQU'AUX PREMIERS ÉLÉMENS de la génération des quantités; et c'est précisément ce qui distingue cette classe de méthodes mathématiques, de toutes les autres qui ne contiennent l'infini qu'implicitement et qui, comme nous venons de le remarquer et comme cela est manifeste, se trouvent étrangères au but de cet opuscule. — Or, nous avons deux facultés intellectuelles distinctes qui peuvent nous conduire, plus ou moins exactement, jusqu'à ces premiers élémens de la génération des quantités : ce sont le Jugement et la Raison.

Le Jugement, comme faculté de transition de l'Entendement à la Raison, peut, par une espèce d'anticipation sur cette dernière, découvrir, plus ou moins rigoureusement, les déterminations de l'infini dans les élémens de la génération des quantités. La Raison, comme faculté de l'infini, crée elle-même ces déterminations indéfinies dans les élémens de la génération des quantités. — Ainsi, en nous servant ici de la faculté du Jugement, les méthodes fondées sur cette faculté, ne peuvent que PRÉSUMER les premiers élémens de la génération dont il est question ; tandis qu'en nous servant de la faculté de la Raison, les méthodes fondées sur cette dernière faculté, REPRODUISENT OU DÉTERMINENT elles-mêmes ces élémens. C'est pour cela que nous nommerons les premières, *méthodes présomptives ;* et les dernières, *méthodes déterminatives.* — Telle est donc la première division à priori des méthodes mathématiques qui contiennent explicitement l'idée de l'infini. — Procédons à leur subdivision.

Dans les méthodes présomptives, qui sont fondées sur la faculté du Jugement, il paraît d'abord, en ne s'attachant qu'à la diversité des fonctions de cette faculté, qu'on pourrait procéder par deux voies différentes; car, les fonctions en quelque sorte rationnelles du Jugement, celles qui portent sur la transition entre la Raison et l'Entendement, sont de deux espèces : l'induction et l'analogie. Ces méthodes présomptives présenteraient donc, sous ce premier point de vue, deux espèces particulières : les unes, fondées sur l'induction, que, pour cela, nous nommerons *méthodes inductionnelles;* les autres, fondées sur l'analogie, que, pour cette raison, nous nommerons, du moins problématiquement, *méthodes analogiques.* Mais, un peu de réflexion suffit pour reconnaître que les dernières de ces méthodes, les méthodes analogiques, ne sauraient exister. En effet, la fonction intellectuelle, nommée analogie, sur laquelle se trouveraient fondées ces méthodes, porte essentiellement sur la spécification et non sur la généralisation de nos connaissances, c'est-à-dire que cette fonction sert proprement à descendre de la Raison à l'Entendement et non à remonter de cette dernière faculté à la première; de sorte que, par le moyen de cette fonction intellectuelle, on ne saurait nullement remonter aux premiers élémens de la génération des quantités, ce qui est l'objet général des méthodes infinitésimales. Il ne reste donc de possibles, parmi les méthodes présomptives, que les seules méthodes inductionnelles. — Poursuivons cette détermination.

Les méthodes inductionnelles peuvent être employées 1.° dans la Géométrie, en portant sur l'idée de l'indéfini, appliquée à l'ESPACE, et 2.° dans l'Algorithmie, en portant sur l'idée de l'indéfini, appliquée au TEMS qui est le principe des NOMBRES. — Il s'ensuit que ces méthodes, considérées par rapport à leur but, forment deux branches distinctes : la *méthode inductionnelle géométrique* et la *méthode inductionnelle algorithmique.*

Or, la méthode des anciens, connue sous le nom de *méthode d'exhaustion*, dont il paraît que nous devons la découverte à Archimède, n'est évidemment autre chose que la méthode inductionnelle géométrique que nous venons de déduire de principes à priori. — Nous supposons que le lecteur connaît la nature de cette méthode;

et, suivant les principes dont nous l'avons déduite, nous nous bornerons à en apprécier la vraie valeur scientifique, ce qui est ici notre unique but.

Vu la nature de la faculté intellectuelle qui agit dans cette méthode, savoir, le Jugement, il est évident que la méthode d'exhaustion ne peut conduire à des résultats rigoureux : elle ne peut, par elle-même, conduire qu'à des vérités présomptives, d'une probabilité de plus en plus grande ; mais elle ne saurait, par elle-même, atteindre à la certitude. Ce caractère de la méthode d'exhaustion, joint à sa destination, suffit pour apprécier, à sa juste valeur, d'une part, la vraie nature de cette méthode, et, de l'autre part, ce qu'en pense notre auteur des *Réflexions* qui, après un rapprochement singulier, fondé uniquement sur la similitude ou plutôt l'identité de l'infini, prétend que « la méthode d'exhaustion a essentiellement le même but, et suit « dans sa marche les mêmes principes que l'analyse infinitésimale « (c'est-à-dire, le calcul différentiel) ». — Nous ne dirons plus rien sur la vraie nature de la méthode d'exhaustion ; mais nous devons remarquer que cette nature ne répond nullement à l'opinion que nous venons de transcrire, car, suivant la déduction précédente de la méthode d'exhaustion, ni le BUT, ni les MOYENS (la marche) de cette méthode, n'ont rien de commun avec le calcul différentiel. En effet, le but du calcul différentiel, considéré comme méthode, consiste à remonter aux élémens indéfinis des NOMBRES ou du TEMS, et le but de la méthode d'exhaustion, considérée de même purement comme méthode, consiste à remonter aux élémens indéfinis de l'ÉTENDUE ou de l'ESPACE ; de plus, les moyens du calcul différentiel consistent dans des procédés RIGOUREUX de la Raison, ainsi que nous le verrons ci-après, et ceux de la méthode d'exhaustion consistent dans des procédés purement INDUCTIONNELS du Jugement.

Nous ne sommes pas surpris de ce que l'auteur des *Réflexions* confond le but du calcul différentiel avec celui de la méthode d'exhaustion : il ne fait là que partager une erreur générale ; car, bien avant lui, les géomètres se sont imaginé que la méthode d'exhaustion présentait les premiers essais du calcul différentiel (*Voyez*, *entre autres*, *l'Exposition élémentaire du Calcul supérieur, par l'Huilier; exposition qui, ce nous semble, a été couronnée par l'Académie de Berlin*) : cette erreur vient surtout de ce que les géomètres confondent les applications GÉOMÉTRIQUES du calcul différentiel, par lesquelles souvent ils cherchent à se le rendre plus intelligible, avec la nature même de ce calcul, qui est purement ALGORITHMIQUE. Mais nous sommes réellement surpris de ce que l'auteur des *Réflexions* confond aussi les moyens (la marche, comme il l'appelle) du calcul différentiel, avec ceux de la méthode d'exhaustion ; car, lui-même, il reconnaît qu'après être arrivés à quelques résultats par cette méthode, les anciens sentaient le besoin de démontrer ces résultats par un procédé étranger, et nommément par le procédé apogogique de la réduction à l'absurde. Ce besoin qui n'accompagne nullement les résultats que donne le calcul différentiel, prouve, avec clarté, que les moyens de ce calcul ne sont pas les mêmes que ceux de la méthode d'exhaustion : les uns, comme nous l'avons déjà dit, sont rigoureux ; et les autres, purement inductionnels. Et, en effet, depuis les trois livres d'Archimède, περὶ κύκλου μετρήσεως et περὶ σφαίρας καὶ κυλίνδρου, où paraît avoir été fait le premier usage important de la méthode d'exhaustion, jusqu'au supplément de Kepler dans sa *Stereometria doliorum* (*Lincii* 1615), où paraît avoir été fait le dernier usage nécessaire de la même méthode, nulle part les résultats de la méthode d'exhaustion ne présentent le caractère de vérité rigoureuse, qui est celui des résultats du calcul différentiel.

Avant de quitter l'examen de cette méthode, nous devons encore dire un mot concernant la comparaison que notre auteur des *Ré-*

flexions croit pouvoir établir entre sa métaphysique et la méthode d'exhaustion, ou, plus généralement, entre cette prétendue métaphysique et toutes les méthodes infinitésimales ; car, c'est toujours de la même manière qu'il établit cette comparaison, de sorte que, vu cette identité, on dirait que toutes ces méthodes ne diffèrent absolument en rien, du moins quant au fond. — Or, l'établissement de cette comparaison de notre auteur, consiste généralement à montrer que, dans toutes les méthodes infinitésimales, on cherche un système de relation des quantités (que cet auteur nomme *système auxiliaire*), tel que, par son moyen, on puisse s'approcher continuellement du système proposé de relation des quantités, qu'on désire connaître. Mais ce n'est là, pour ainsi dire, que la *communauté* dans laquelle se trouvent toutes les méthodes infinitésimales, d'avoir une et même règle que leur prescrit l'idée de l'INDÉFINI qui régit ces méthodes ; en effet, toutes ces méthodes ayant pour but commun de remonter jusqu'aux premiers élémens de la génération des quantités, ne peuvent évidemment, suivant la nature de l'indéfini, arriver à ce but qu'en s'approchant continuellement des élémens qu'elles doivent atteindre. Cette comparaison de notre auteur des *Réflexions* revient donc à dire que les méthodes infinitésimales sont des méthodes infinitésimales; et, pour cela, nous pourrons nous dispenser d'y faire attention dans la suite. Nous ajouterons ici qu'une comparaison établie entre les méthodes infinitésimales elles-mêmes, ou entre ces méthodes et une doctrine quelconque, si cela était possible, devrait consister dans un rapprochement, non des élémens homogènes, mais bien des élémens hétérogènes de ces méthodes ; et c'est là, comme il nous semble, ce que fera la déduction de ces diverses méthodes que nous présentons ici à priori, et à laquelle nous allons revenir.

Après la méthode inductionnelle géométrique, qui est la méthode d'exhaustion des anciens, vient la *méthode inductionnelle algorithmique*, suivant la dénomination que nous avons adoptée plus haut. — Or, vu les principes dont nous avons déduit cette méthode, elle ne saurait être autre chose que la MÉTHODE D'APPROXIMATION algorithmique, proprement dite. Pour s'en convaincre, il suffit, d'une part, de reconnaître le vrai caractère de l'approximation algorithmique, et, de l'autre part, d'y retrouver le caractère inductionnel, tel qu'il se trouve dans la méthode d'exhaustion des anciens.

D'abord, pour ce qui concerne la vraie nature de l'approximation algorithmique, elle consiste évidemment en ce que les accroissemens successifs des différens termes qu'on calcule pour s'approcher continuellement ou indéfiniment de la quantité qu'on désire connaître, NE SONT LIÉS PAR AUCUNE LOI. Les géomètres ont, jusqu'à ce jour, méconnu ce caractère de l'approximation algorithmique; et ils l'ont même confondu avec celui des procédés techniques qui, par un algorithme indéfini mais contenu dans une seule loi, servent à l'évaluation des quantités algorithmiques. En effet, généralement tous les géomètres de nos jours regardent, comme une simple approximation, l'emploi des SÉRIES et autres FONCTIONS TECHNIQUES (*Voyez la Philosophie des Mathématiques*) pour l'évaluation des fonctions théoriques, données immédiatement ou médiatement par des équations. C'est une erreur très grave : les séries et toutes les autres fonctions techniques, sont des fonctions qui, par la loi unique qu'elles constituent, embrassent, dans sa totalité, la génération complète d'une quantité algorithmique; et, en cela, elles diffèrent essentiellement de la simple approximation qui, ne pouvant lier, par aucune loi, les accroissemens successifs des différens termes auxquels elle conduit, ne saurait embrasser l'ensemble de la génération d'une quantité algorithmique. Ce caractère des fonctions techniques est de la plus haute importance pour l'Algorithmie : il sert à lier les deux fonctions algorithmiques primitives et essentiellement hétérogènes, la sommation et la graduation, en nous donnant le moyen rigoureux pour la transition de l'un de ces algorithmes à l'autre, ainsi que nous l'avons montré dans la Philosophie des Mathématiques; transition qui est le grand moyen que nous avons pour transformer, d'une manière rigoureuse, en fonctions simples de sommation, en séries, etc., des fonctions très compliquées, fondées sur la graduation. Déjà Leibnitz, ce véritable fondateur des séries, a reconnu, non le beau caractère philosophique des fonctions techniques, que nous venons de rappeler, mais au moins la rigueur absolue qui se trouve dans la génération algorithmique que présentent ces fonctions et spécialement les séries : il dit expressément (*Voyez Act. Erud. Libs.* 1682 *Febr.*) que, quoique nous ne puissions pas embrasser SÉPARÉMENT l'ensemble des termes constituant une série, nous embrassons nécessairement l'ensemble de ces termes par la loi qui les régit TOUS; loi qui est la vraie et unique signification des séries. Il n'en est pas de même de la simple méthode d'approximation : celle-ci se borne à nous conduire à des termes distincts ou séparés, de plus en plus approchant de la quantité qu'elle sert à nous faire connaître; mais, les accroissemens successifs de tous ces termes séparés n'étant liés par aucune loi, cette méthode ne saurait, par elle-même, embrasser l'ensemble de la génération de ces quantités. C'est là, nous le répétons, le caractère distinctif de la méthode d'approximation, du moins en la considérant relativement aux méthodes ou fonctions techniques; car, il faut encore distinguer la méthode d'approximation, proprement dite, dont il est question, des simples MÉTHODES DE TÂTONNEMENT, telles que sont, par exemple, la méthode arithmétique pour extraire les racines des nombres, et la méthode algébrique de Lagrange pour trouver les racines des équations par des fractions continues. Dans ces méthodes de tâtonnement, il faut essayer des quantités prises arbitrairement, pour reconnaître celles qui conviennent à la solution ; tandis que dans la méthode d'approximation, telle que nous l'entendons ici, il s'agit, comme dans la méthode géométrique d'exhaustion, de calculer directement une quantité en remontant, de plus en plus, aux premiers élémens de la génération de cette quantité. Aussi, est-ce proprement ce dernier caractère de la méthode d'approximation, qui la constitue MÉTHODE INFINITÉSIMALE.

En second lieu, pour ce qui concerne le caractère inductionnel que, suivant l'observation que nous avons faite plus haut, nous devons encore retrouver dans la méthode d'approximation dont il est question, tel que nous l'avons trouvé dans la méthode géométrique d'exhaustion, cela ne présente aucune difficulté. En effet, soient, A_1, B_1 ; A_2, B_2; A_3, B_3; etc. autant de limites différentes d'une quantité inconnue X, calculées par la méthode d'approximation; s'il existe une quantité M qui se trouve dans la même relation avec les limites respectives A_1, B_1; A_2, B_2; A_3, B_3; etc., on aura évidemment, PAR INDUCTION, $X = M$; et c'est là précisément aussi le caractère inductionnel de la méthode d'exhaustion des anciens.

Il ne nous reste qu'à faire connaître en réalité quelle est la méthode d'approximation dont nous venons de déterminer à priori les caractères, et qui, suivant ces caractères, forme, en Algorithmie, le pendant de la méthode géométrique d'exhaustion. — Jusqu'à ce moment, les géomètres ne sont parvenus à découvrir qu'un simple fragment de cette méthode: c'est la méthode d'approximation qu'Euler a donnée (*Institutiones Calculi integralis, vol.* I, *sect.* I, *cap.* VII) pour obtenir la valeur approchée des intégrales des fonctions, entre certaines limites de la variable. Mais, pour compléter, autant qu'il est en nous, l'utilité de notre opuscule, nous y joindrons, dans une note placée à la fin, l'exposition générale de la méthode d'approximation dont il est question et dont celle d'Euler n'est qu'un cas très particulier ; méthode que, pour éviter la signification trop vague du mot *approximation*, on pourrait nommer *méthode algorithmique d'exhaustion*, par opposition à la méthode géométrique d'exhaustion d'Archimède, laquelle, comme nous l'avons déjà remarqué, en est le pendant.

Venons maintenant aux méthodes infinitésimales déterminatives. — Nous avons déjà vu plus haut, par la déduction architectonique de ces méthodes, qu'elles sont fondées immédiatement sur l'emploi de la Raison elle-même. Il s'ensuit que les résultats auxquels conduisent les méthodes déterminatives dont il s'agit, sont d'une rigoureuse exactitude. — C'est là le caractère distinctif de ces méthodes; et il ne nous reste, pour les connaître complètement, qu'à fixer à priori les différentes voies par lesquelles la Raison peut remonter aux premiers élémens de la génération des quantités, car, ces différentes voies sont évidemment ce qui constitue la spécification des méthodes dont nous parlons.

Or, comme il ne s'agit ici que de la seule fonction de la Raison qui produit l'idée de l'indéfini, il est d'abord clair que les différentes voies dont il est question, ne sauraient être fondées sur la différence des fonctions de cette faculté supérieure. De plus, il s'ensuit que la première spécification de ces voies de la Raison, si elle est possible, doit être fondée sur la différence de l'emploi PUR de la Raison, dans la production de l'idée de l'indéfini, et sur l'emploi de cette faculté RÉUNIE à l'Entendement : de là résulterait une division des méthodes infinitésimales déterminatives dont il s'agit, en *méthodes directes* et en *méthodes indirectes*. Cette division a lieu réellement, parceque le double emploi de la Raison, sur lequel se trouve fondée cette division, a lieu effectivement.

Les méthodes directes qui portent sur l'emploi pur de la Raison dans la production de l'idée de l'indéfini, se subdivisent naturellement en celles qui remontent aux élémens indéfinis de l'ESPACE ou de l'étendue, et en celles qui remontent aux élémens indéfinis du TEMS ou des nombres : les premières forment la méthode connue sous le nom de *Méthode des indivisibles*, et les dernières constituent le *Calcul différentiel.*

Ce que nous avons reconnu plus haut sur le caractere des méthodes que nous examinons, savoir, qu'elles conduisent à des résultats rigoureusement exacts, comme aussi nous l'avons déduit dans la première partie de cette Philosophie du Calcul infinitésimal, nous suffit complètement pour apprécier la nature des deux méthodes infinitésimales que nous venons de nommer, la méthode des indivisibles et le calcul différentiel : en effet, par ces moyens, non seulement nous savons que ces méthodes sont rigoureuses, mais de plus nous connaissons jusqu'à l'artifice intellectuel sublime par lequel s'établit cette singulière exactitude rigoureuse qui est le caractère de ces méthodes. Nous pouvons donc nous dispenser ici d'entrer dans de nouveaux développemens sur la nature de ces deux méthodes infinitésimales directes ; et il nous suffira, pour faire approfondir cette nature, de renvoyer le lecteur aux principes de cette Philosophie du Calcul infinitésimal, exposés plus haut. — Mais nous devons ici dire quelques mots sur la différence essentielle de la méthode des indivisibles et du calcul différentiel ; différence qui, jusqu'à ce jour, a été complètement méconnue des géomètres.

Confondant les applications GÉOMÉTRIQUES du calcul différentiel avec la nature même de ce calcul, qui est purement ALGORITHMIQUE, comme à l'occasion de la méthode d'exhaustion des anciens, les géomètres ont cru, encore ici, que la méthode des indivisibles et le calcul différentiel étaient identiques ; et c'est, en effet, en se fondant sur cette prétendue identité, qu'ils se sont imaginé que la vraie découverte du calcul différentiel remontait à la découverte de diverses méthodes particulières des indivisibles. C'est une erreur : la méthode des indivisibles et le calcul différentiel n'ont de commun que l'idée de l'indéfini, qui en est le fondement ; mais ces deux méthodes diffèrent essentiellement dans leur nature propre de méthodes : l'une porte sur l'indéfini de l'espace ou de l'étendue, et l'autre sur l'indéfini du tems ou des nombres ; ce qui certainement est tout autre chose, et exige des procédés essentiellement différens. Pour s'en convaincre, il suffit de considérer *in abstracto*, comme on le doit, d'une part, la génération purement algorithmique des fonctions différentielles, et de l'autre part, la génération purement géométrique des élémens dits indivisibles.

A propos des auteurs de diverses méthodes particulières des indivisibles, auxquels on a voulu faire remonter l'origine de la découverte du calcul différentiel, la plus singulière de ces prétentions est celle qui proclame Fermat, le véritable *inventeur* du calcul différentiel ; proclamation que nous avons lue récemment dans un ouvrage dont nous ne nous rappelons pas le titre. Nous ne concevons pas, en fait de science, ce qui a pu mériter à Fermat cette préférence sur tous les autres auteurs de méthodes des indivisibles, depuis Cavalleri ou même Kepler, jusqu'à Barrow. Nous nous doutons bien que c'est sur la méthode des tangentes et des maximis et minimis de Fermat, qu'on a cru fonder cette assertion ; mais quand même on voudrait confondre, avec le calcul différentiel, la méthode des indivisibles qui est la vraie nature de la méthode de Fermat, ni l'antériorité, ni l'analogie, ni la perfection de cette méthode, ni même l'application de l'Algorithmie, ne lui mériteraient une pareille préférence. En effet, quant à l'antériorité, les méthodes de Fermat qu'on ne saurait faire remonter au-delà de 1636 (*Lettre privée à Ro-*

berval, du mois d'Août de cette année), ne sont évidemment qu'un usage algorithmique ou algébrique de la méthode des indivisibles, laquelle était déjà répandue depuis 1635 (*Geometria indivisibilibus continuorum, Bononiæ*) et même depuis 1615 (*Voyez la Stéréomét. de Kepler, citée plus haut, part.* I, *theor.* 2); et réellement, comme on en convient, la règle des maximis de Fermat n'est qu'un usage algorithmique du principe de Kepler, savoir, lorsqu'une grandeur, l'ordonnée d'une courbe par exemple, est parvenue à son maximum, son accroissement ou sa diminution infiniment proche de cet état, est nul. Quant à l'analogie, tout le monde sait que c'est dans l'ouvrage de Grégoire de Saint-Vincent (*Quadratura circuli et sectionum coni, Antverpiæ*, 1647) que se trouve la première ressemblance marquante avec le calcul différentiel, du moins avec ses applications géométriques, surtout dans le « *ductus plani in planum* », et dans l'inscription et circonscription de rectangles; ainsi que l'avoue Leibnitz lui-même (*Act. Erud.* 1691, *pag.* 438), qui dit avoir puisé, principalement dans cet ouvrage, les premières idées (du moins comme occasion) de sa découverte. Quant à la perfection de la méthode de Fermat, on sait également que la méthode de Barrow (*Lect. geometricæ, Londini*, 1674) est supérieure à celle de Fermat; et, ce qui est plus, le triangle élémentaire de Barrow est identiquement celui que l'on considère dans l'application du calcul différentiel à la détermination des tangentes, ainsi que l'avoue encore Jacques Bernoulli (*Voyez les Acta Erudit. cités plus haut*). Enfin, quant à l'application de l'Algorithmie, il nous semble que si, sous ce point de vue, quelqu'un pouvait prétendre à l'honneur d'avoir frayé le chemin à la découverte du calcul différentiel, ce serait incontestablement Wallis dans la première édition de son *Arithmétique de l'infini* (en 1655); aussi, sait-on que c'est principalement dans les écrits de ce géomètre que Newton a trouvé l'occasion de créer ses idées sur les fluxions. — Mais, en approfondissant la déduction des méthodes infinitésimales, telle que nous venons de la donner ici entièrement à priori, les géomètres distingueront facilement l'indéfini dans l'étendue, de l'indéfini dans les nombres, et, par conséquent, la méthode des indivisibles qui porte sur le premier, du calcul différentiel qui porte entièrement sur le dernier; et, alors, ils reconnaîtront, avec la même facilité, que la méthode de Fermat dont l'essence consiste à calculer les circonstances de la méthode des indivisibles, et nullement les accroissemens des fonctions algorithmiques considérées purement comme telles, ils reconnaîtront, disons-nous, que cette méthode n'a rien de commun avec le véritable but du calcul différentiel. — Montucla, dans son Histoire des Mathématiques, dit (*tome* II, *page* 137, *dernière édition*) que la règle des maximis de Fermat ne diffère du calcul différentiel qu'en ce qu'elle est arrêtée par les irrationalités : c'est une double erreur; d'abord, une erreur de fait, car, comme on l'a déjà observé, Fermat savait étendre sa méthode aux irrationnelles; et ensuite, une erreur de critique, car la méthode de Fermat diffère du calcul différentiel essentiellement en ce que cette méthode n'est qu'un usage algorithmique de la méthode des indivisibles, et par conséquent, tout au plus, un usage *in concreto* mais sans la moindre conscience du calcul différentiel, c'est-à-dire, SANS PORTER AUCUNE ATTENTION AUX FONCTIONS ALGORITHMIQUES, tandis que le calcul différentiel sert expressément à déterminer *in abstracto* les accroissemens de ces fonctions, c'est-à-dire, EN NE CONSIDÉRANT AVEC DESSEIN RIEN AUTRE QUE CES FONCTIONS ALGORITHMIQUES. Aussi, devons-nous espérer qu'en approfondissant cette nature abstraite et DISTINCTIVE du calcul différentiel, les géomètres reconnaîtront que, non seulement Fermat n'a eu aucune idée du calcul différentiel, mais, ce qui est plus, que la découverte de ce calcul, telle qu'elle a été faite par Newton et surtout par Leibnitz (*), ne paraît avoir été précédée par rien qui lui ressemble ou du moins qui soit identique avec elle. — Quant à la découverte du principe premier qui sert de fondement commun aux deux méthodes infinitésimales directes, essentiellement distinctes d'ailleurs, à la méthode des indivisibles et au calcul différentiel, c'est-à-dire, quant à la découverte d'introduire, dans les Mathématiques, la considération rigoureuse de l'idée de l'infini, l'honneur de cette découverte à la fois simple et sublime, appartient, ce nous semble, à Kepler qui paraît s'en être servi le premier dans sa Stéréométrie.

Passons donc à la discussion des méthodes déterminatives INDIRECTES qui, comme nous l'avons reconnu, se trouvent fondées sur l'emploi de la Raison réunie à l'Entendement, dans la production de l'indéfini. — Or, dans la réunion de ces deux facultés intellectuelles, l'idée de l'indéfini, considérée objectivement, comme BUT de l'Entendement, se transforme en idée de la CONTINUITÉ; et, considérée subjectivement, comme MOYEN de l'Entendement, elle se transforme en idée de la DISCONTINUITÉ INDÉFINIE. Ainsi, les méthodes indirectes dont il s'agit, doivent, suivant cette double détermination de l'indéfini, se subdiviser en deux classes : les unes fondées sur la loi de continuité, et les autres sur la loi de discontinuité indéfinie.

La première classe de ces méthodes est facile à reconnaître : c'est, en effet, la méthode connue sous le nom de *Méthode des limites* ou *des premières et dernières raisons*. — Quant à la seconde classe, il faut, pour la reconnaître, savoir d'abord que la discontinuité indéfinie, qui en est le fondement, donne, en fait d'Algorithmie, la sommation indéfinie qui constitue l'algorithme technique des SÉRIES; de sorte que, dans la détermination de la suite indéfinie des termes

(*) Car c'est Leibnitz qui a reconnu principalement cette nature abstraite du calcul différentiel.

formant ces fonctions, doivent entrer nécessairement les premiers élémens de la génération des quantités qui sont l'objet des séries. Et, en effet, comme on le sait par le théorème de Taylor, et généralement par notre loi des séries, les fonctions formant les coefficiens, sont des fonctions différentielles ou infinitésimales. Ainsi, la seconde classe de méthodes dont il s'agit, doit évidemment porter sur les coefficiens du développement des fonctions en séries; et, comme on peut le reconnaître maintenant avec facilité, cette seconde classe de méthodes n'est rien autre que la méthode connue généralement sous le nom de *Méthode de dérivation*, et particulièrement sous le nom de *Théorie des fonctions analytiques*.

Cette déduction des deux dernières méthodes, savoir, de la méthode des limites et de la méthode de dérivation, fixe immédiatement leur véritable caractère. On voit, en effet, que, par suite de cette déduction, le caractère commun de ces méthodes consiste en ce qu'elles n'atteignent l'indéfini que dans son RÉSULTAT (dans son application à l'Entendement), et non dans son PRINCIPE (dans la Raison elle-même). De là vient essentiellement qu'à la vérité, ces deux méthodes peuvent remplacer le calcul différentiel, mais qu'en elles-mêmes, elles ne sauraient être conçues ou expliquées que par le calcul différentiel; ainsi que nous allons le montrer, avec plus de clarté, dans chacune de ces méthodes séparément.

D'abord, pour ce qui concerne la méthode des limites ou des premières et dernières raisons, il est clair que, puisque cette méthode ne se trouve fondée que sur le résultat de l'indéfini manifesté dans la continuité, on ne saurait, par son moyen, remonter immédiatement aux principes mêmes de cette continuité, c'est-à-dire, aux élémens indéfinis eux-mêmes de la génération des quantités. En effet, la méthode des limites dont il s'agit, sert à déterminer, PAR LA LOI DE CONTINUITÉ, la relation des quantités dans l'état où ces quantités, suivant une génération continue et déterminée, deviennent des zéros absolus; ce qui conduit bien au résultat de la génération indéfinie de ces quantités, mais non aux principes mêmes de cette génération, c'est-à-dire que cette méthode n'atteint pas jusqu'aux premiers élémens eux-mêmes de la génération des quantités, mais seulement à leur résultat manifesté dans la loi de continuité de cette génération. — Ainsi, la méthode des limites ou des premières et dernières raisons, peut à la vérité, sauf la complication nécessaire des procédés, remplacer le calcul différentiel; mais elle ne saurait être conçue et expliquée que par le calcul différentiel lui-même, parceque les principes de la continuité qui est le fondement de la méthode des limites, ne se trouvent évidemment donnés que par le calcul différentiel.

En second lieu, pour ce qui concerne la méthode de dérivation, ou la soi-disant théorie des fonctions analytiques, il est également clair que, puisque cette méthode ne se trouve fondée que sur le résultat de l'indéfini, tel qu'il se manifeste dans la discontinuité progressive des termes formant les séries, on ne peut non plus, par cette méthode, remonter aux principes mêmes de cette discontinuité indéfinie, c'est-à-dire, aux premiers élémens qui rendent possible une pareille discontinuité. Mais, pour mieux comprendre cette assertion, il faut d'abord comprendre que la discontinuité indéfinie qui se trouve dans la suite des termes formant les séries, n'est possible que par les élémens indéfinis eux-mêmes de la génération des quantités qui sont l'objet des séries; car, comment en effet une fonction développée en série pourrait-elle recevoir un NOMBRE INDÉFINI DE DÉTERMINATIONS DIFFÉRENTES pour former les différens termes discontinus qui font les coefficiens de la série, comment le pourrait-elle, demandons-nous, si ce n'est par l'influence des élémens indéfinis eux-mêmes de la génération de la quantité que constitue la fonction développée? Aussi, comme on le sait, ces coefficiens des séries se trouvent-ils, ainsi que nous venons de le prévoir à priori, des fonctions différentielles de différens ordres de la fonction développée, c'est-à-dire, des fonctions des élémens indéfinis de la génération de cette quantité. — Alors, on conçoit facilement qu'une méthode, telle que la méthode de dérivation, qui ne serait fondée que sur la considération des coefficiens du développement des fonctions en séries, ne pourrait atteindre qu'au résultat de l'indéfini, manifesté dans la génération indéfiniment discontinue de ces coefficiens, et nullement aux principes mêmes de cette génération, consistant dans les élémens indéfinis des différentielles dont ces coefficiens se trouvent fonctions. On conçoit de plus, avec la même facilité, que, considérés suivant l'esprit de la méthode dont il est question, c'est-à-dire, comme dérivant les uns des autres, les coefficiens des séries sur lesquels se trouve fondée cette méthode, n'ont aucune, absolument aucune signification : en effet, la circonstance d'une quantité d'être tel ou tel autre coefficient d'une série, considérée par rapport à la génération de cette quantité, ne signifie absolument rien. — Il s'ensuit que la méthode de dérivation, comme la méthode des limites ou des premières et dernières raisons, peut à la vérité, sauf également la complication des calculs, remplacer le calcul différentiel, et cela évidemment parceque les coefficiens des séries, dont se sert cette méthode, ne sont autre chose que des fonctions différentielles ; mais cette méthode, loin de pouvoir expliquer le calcul différentiel, ce qui serait réellement une prétention ridicule, ne peut elle-même être conçue ou expliquée que par le calcul différentiel, parceque les coefficiens des séries, qui sont les instrumens de cette méthode, ne reçoivent une signification que précisément par les fonctions différentielles qui les composent (*).

(*) C'est cet unique point qui constitue notre *Réfutation de la Théorie des fonctions*

Nous avons ici réuni la Théorie des fonctions analytiques avec les différentes autres méthodes pareilles, sous le seul titre de *méthode de dérivation*, parceque toutes ces méthodes sont fondées sur le même principe de coefficiens des séries et, dans leur origine philosophique, sur le même principe de discontinuité indéfinie dans la génération des termes formant les séries. Mais nous prévenons expressément que nous ne réunissons ces méthodes qu'à cause de cette origine commune ; et que, par rapport à leur destination, nous n'entendons parler ici que de seules véritables *méthodes de dérivation*, telles que celles d'Arbogast, de Kramp, et autres, dont l'unique but est de présenter un algorithme propre à REMPLACER le calcul différentiel. Par rapport à cette destination des méthodes de dérivation, nous sommes forcés de rejeter ici la *Théorie des fonctions analytiques* de Lagrange, dont le but exprès est, non autant de remplacer le calcul différentiel, parceque les géomètres sectateurs de cette Théorie, ainsi que son auteur lui-même, renoncent aux procédés de cette soi-disant Théorie, mais dont le but formel, disons-nous, est sur-tout d'EXPLIQUER le calcul différentiel. C'est cette prétention, vraiment ridicule (*), qui, suivant la déduction que nous venons de donner des principes de cette méthode, prive la Théorie des fonctions analytiques de Lagrange, de l'avantage de prendre place parmi les véritables méthodes de dérivation, lesquelles, resserrées dans leurs raisonnables limites, occupent réellement, et cela à priori, une place entre les méthodes infinitésimales ; car, c'est cette étrange prétention qui rend cette production de Lagrange tout-à-fait fausse et même absurde, en ce qu'il y est question d'expliquer des

---

analytiques, où nous avons démontré ce point d'une manière rigoureusement mathématique.

(*) Voyez ci-après le troisième Mémoire.

principes clairs, jouissant par eux-mêmes d'une certitude apodictique, savoir, les principes du calcul différentiel, par de purs résultats provenant bien loin des mêmes principes, et n'ayant, hors de ces principes, absolument aucune signification, parcequ'ils ne peuvent être conçus que par ces principes. — Il faut cependant observer, à l'honneur des géomètres des tems précédens, qu'une telle perversion de la certitude mathématique n'a pas encore eu lieu dans leur science, et qu'elle n'a pu être conçue qu'à l'époque de la plus grande corruption philosophique, à laquelle a paru la Théorie de Lagrange. C'est cette même manière de voir qui avait donné naissance à la première édition de cette Théorie, qui a aussi empêché qu'après notre *Réfutation*, on ne reconnût et n'avouât la vérité et que, respectant ainsi ce qu'il y a de plus sacré pour le savant, on ne s'abstînt au moins de produire une nouvelle édition : instruits à fond de cette manière de voir, nous ne pouvions être surpris en apprenant que l'auteur LUI-MÊME a produit la seconde édition de la Théorie des fonctions analytiques (*).

Telles sont donc les différentes méthodes infinitésimales PRIMITIVES, les seules possibles par des principes à priori. — Il s'ensuit rigoureusement, car il ne saurait y avoir ici d'autres principes, que toutes les autres méthodes infinitésimales sont ou 1.°) des méthodes DÉRIVÉES ou 2.°) des méthodes PRÉTENDUES et par conséquent ERRON-

(*) A propos de cette seconde édition, l'auteur des *Réflexions sur la Métaphysique du Calcul infinitésimal*, en citant, en sa faveur, un passage de la Théorie des fonctions analytiques de Lagrange, dit (page 47) que ce passage se trouve dans la SECONDE ÉDITION de cette Théorie. Sans doute, il lui fera plaisir d'apprendre que le même passage se trouve LITTÉRALEMENT dans la première édition, que cet auteur connait certainement puisqu'il cite (page 193) les *Leçons sur le Calcul des fonctions* de Lagrange, qu'il dit expressément n'être qu'un commentaire et un supplément pour le premier ouvrage.

NÉES. — Mais, pour mieux embrasser ces diverses méthodes infinitésimales, nous allons résumer les méthodes primitives que nous venons de déduire à priori, dans le tableau suivant.

TABLEAU ARCHITECTONIQUE

DES MÉTHODES INFINITÉSIMALES PRIMITIVES.

A) Ascension aux élémens indéfinis, par la faculté du Jugement. = MÉTHODES PRÉSOMPTIVES.

- *a*) Par la fonction nommée induction. = MÉTHODES INDUCTIONNELLES.
  - *a*2) Ascension aux élémens indéfinis de l'espace ou de l'étendue. = MÉTHODE D'EXHAUSTION (des anciens).
  - *b*2) Ascension aux élémens indéfinis du tems ou des nombres. = MÉTHODE D'APPROXIMATION (proprement dite) (*).
- *b*) Par la fonction nommée analogie. = MÉTHODES ANALOGIQUES? (Elles sont impossibles).

B) Ascension aux élémens indéfinis, par la faculté de la Raison. = MÉTHODES DÉTERMINATIVES.

- *a*) Par l'emploi pur de la Raison. = MÉTHODES DIRECTES.
  - *a*2) Ascension aux élémens indéfinis de l'espace ou de l'étendue. = MÉTHODE DES INDIVISIBLES.
  - *b*2) Ascension aux élémens indéfinis du tems ou des nombres. = CALCUL DIFFÉRENTIEL.
- *b*) Par l'emploi de la Raison réunie à l'Entendement. = MÉTHODES INDIRECTES.

(*) Voyez la première Note à la fin de cet ouvrage.

a2) Objectivement, comme but de l'Entendement; par la loi de continuité. = MÉTHODE DES LIMITES, OU DES PREMIÈRES ET DERNIÈRES RAISONS.

b2) Subjectivement, comme moyen de l'Entendement; par la loi de discontinuité indéfinie. = MÉTHODE DE DÉRIVATION.

Telles sont donc, nous le répétons, les seules méthodes infinitésimales primitives, qui soient possibles. — Toutes les autres méthodes infinitésimales, ne sont ou plutôt ne peuvent être, comme nous l'avons déjà observé, que 1.°) des méthodes DÉRIVÉES des méthodes primitives précédentes, ou bien, 2.°) des méthodes PRÉTENDUES et par conséquent ERRONNÉES.

Dans la première classe, celle des méthodes infinitésimales dérivées, se trouvent l'application ou l'usage infinitésimal de la *Méthode des coefficiens indéterminés*, l'*Analyse résiduelle* de Landen, et même la *Méthode des fluxions* sous la forme de laquelle Newton avait d'abord présenté son nouveau calcul. — La seconde classe, celle des prétendues méthodes infinitésimales, présente deux espèces: 1.°) des procédés insignifians par eux-mêmes, ou plutôt de vrais non-sens, qui se servent de véritables méthodes infinitésimales en les défigurant, c'est-à-dire, en leur ôtant leur caractère propre; et 2.°) des considérations tout-à-fait fausses. Dans la première espèce, se trouve le *Calcul des évanouissantes;* et, dans la seconde, se trouvent la *Théorie des fonctions analytiques* de Lagrange, le *Système de compensation des erreurs* de notre auteur des Réflexions sur la Métaphysique du Calcul infinitésimal, et mille autres considérations également erronnées, qu'on a imaginées et qu'on pourra encore imaginer sur le Calcul différentiel.

Or, pour ce qui concerne, en premier lieu, la classe de méthodes DÉRIVÉES, il est d'abord évident que la *Méthode des coefficiens indéterminés,* employée pour arriver au but du calcul différentiel, revient, dans le fond, aux procédés de la méthode de dérivation formant la dernière classe des méthodes infinitésimales primitives. En effet, ces coefficiens de la méthode des indéterminées, ne sont, dans ce cas, rien autre que les coefficiens des séries, sur lesquels se fonde la méthode de dérivation. Mais, dans la méthode des indéterminées, on n'arrive aux coefficiens dont il est question, que par une condition purement négative, c'est-à-dire, par la condition de ce que, sans rendre égal à zéro chaque coefficient, la série entière ne saurait être égale à zéro; tandis que, dans la méthode de dérivation, on arrive aux coefficiens dont il s'agit, par une condition positive, c'est-à-dire, par la détermination de leur dépendance réciproque. Et c'est précisément ce principe purement négatif de la méthode des coefficiens indéterminés, qui la rend subordonnée à la méthode de dérivation (*). — Quant à l'*Analyse résiduelle* de Landen, et autres procédés pareils, c'est tout bonnement un artifice très indirect, fondé évidemment sur l'avant-dernière méthode infinitésimale primitive, nommée méthode des limites ou des premières et dernières raisons (**). — Enfin,

(*) Si Descartes avait pu entrevoir la haute signification des coefficiens de sa méthode, en admettant que c'est Descartes qui est l'auteur de cette méthode, il aurait été, sans contredit, le véritable *inventeur* du Calcul différentiel. — Dans tous les cas, la méthode des indéterminées, très inutile aujourd'hui, a servi la première à calculer, par des procédés purement algorithmiques, des valeurs de fonctions différentielles; de sorte que, si cela suffisait pour établir quelque droit sur la priorité des idées dans le calcul différentiel, ce serait cette méthode des indéterminées qui, plus que toute autre, aurait réellement ce droit.

(**) C'est cette Analyse résiduelle de Landen qui, comme l'avoue assez ingénuement

quant à la *Méthode des fluxions*, tout le monde sait qu'elle a pour principe la considération de véritables différentielles, prises *in concreto* dans la vitesse du mouvement (*); et c'est cette considération qui rend cette méthode subordonnée au vrai calcul différentiel, où les quantités infinitésimales sont considérées *in abstracto*.

Pour ce qui concerne, en second lieu, la classe de PRÉTENDUES méthodes infinitésimales, la première espèce de ces méthodes, savoir, le *Calcul des évanouissantes*, est un mélange monstrueux de la méthode ou du calcul différentiel pur, avec la méthode des limites ou des premières et dernières raisons. En effet, les évanouissantes, considérées d'une part, qui est évidemment le point de vue de la méthode des limites, ne sont pas de véritables quantités, et, considérées d'une autre part, qui est aussi évidemment le point de vue du calcul différentiel pur, elles ne sont non plus de véritables zéros; mélange bizarre, vrai non-sens, ou même contradiction que le calcul des évanouissantes n'évite que parceque, malgré lui-même, il marche appuyé, tour à tour, sur la méthode des limites et sur le calcul différentiel pur (**). — Quant à la seconde espèce de prétendues mé-

---

Lagrange, paraît avoir été l'occasion de la singulière production de la Théorie des fonctions analytiques.

(*) Cette considération de Newton remonte jusqu'à 1640; époque où Roberval, dans sa méthode des tangentes, s'est fondé sur une considération pareille. — Il faut ici remarquer que, par la distinction que notre Philosophie établit entre la méthode des indivisibles et le calcul différentiel, la dispute entre Newton et Leibnitz sur la priorité de la découverte de ce dernier calcul, se trouve complètement éclaircie : on voit, en effet, que la découverte de Newton n'est proprement que la TRANSITION de la méthode des indivisibles au calcul différentiel, et que la découverte de Leibnitz porte réellement sur la NATURE ABSTRAITE même de ce calcul; ce qui, ce nous semble, donne le critérium pour la priorité de la véritable découverte du calcul différentiel.

(**) Il fait honneur à l'esprit de d'Alembert, d'avoir rejeté cette considération mons-

thodes infinitésimales, et nommément quant à la *Théorie des fonctions analytiques* de Lagrange et au *Système de compensation des erreurs* de l'auteur des Réflexions sur la Métaphysique du Calcul infinitésimal, nous en avons déjà dit plus qu'il ne faut pour établir définitivement la conclusion 1.°) que la soi-disant Théorie de Lagrange implique l'absurdité en prétendant expliquer les principes du Calcul différentiel, parceque, comme nous l'avons prouvé, elle n'existe que par ces principes ; et 2.°) que le *Système des compensations* de l'auteur des Réflexions, est tout-à-fait faux, parceque, comme nous l'avons aussi prouvé, cette compensation des erreurs n'a nullement lieu.

---

trueuse des quantités évanouissantes, et de s'être attaché exclusivement à l'un des deux ingrédiens dans ce mélange bizarre, savoir, à la méthode des limites qui, comme nous l'avons vu plus haut, se trouve réellement fondée à priori. — Pour l'honneur de Newton, nous pensons que, dans sa méthode des premières et dernières raisons, il ne fait entrer la considération des évanouissantes que pour indiquer, par là, la loi de continuité qui, suivant notre déduction de la méthode des limites ou des premières et dernières raisons, est le vrai fondement de cette méthode. — Quant à Euler, véritable fauteur des évanouissantes, nous ne pouvons concilier son opinion à cet égard, avec la justesse et la profondeur de son esprit, si ce n'est en admettant, avec peine, que la profondeur et la justesse mathématiques ne supposent pas nécessairement la profondeur et la justesse philosophiques.

FIN DU SECOND MÉMOIRE.

TROISIÈME MÉMOIRE.

Réponse à la seconde édition de la Théorie des Fonctions analytiques de Lagrange.

RÉPONSE

A LA SECONDE ÉDITION

DE

LA THÉORIE DES FONCTIONS ANALYTIQUES

DE LAGRANGE.

Nous avons déjà dit, dans le Mémoire précédent, ce qu'il faut penser de la seconde édition de la *Théorie des fonctions analytiques* de Lagrange, en considérant cette production sous un point de vue étranger aux sciences mathématiques. — Nous allons maintenant jeter un coup d'œil critique sur cette seconde édition, en tant qu'elle peut, sinon intéresser, mais au moins embrouiller la science même du géomètre.

Mais, à proprement parler, ce n'est que sur l'*Addition* jointe à la seconde édition de la Théorie de Lagrange, et placée à la fin de l'ouvrage, que nous allons jeter notre coup d'œil; car, les différentes autres additions dont on a augmenté le volume de cette seconde édition, sont ou des exemples ou des éclaircissemens, qui ne pourraient intéresser que les étudians de la science, et nullement la science elle-même. Nous nous bornerons à cette seule Addition avec d'autant plus de raison que, d'une part, elle contient proprement le vrai esprit, en quelque sorte l'essence de la Théorie des fonctions analytiques, considérée comme théorie ou métaphysique du calcul différentiel, et que, de l'autre part, cette Addition est directement, sous la forme d'une espèce d'arrêt impératif pour l'opinion des savans, une réponse vraiment curieuse à notre *Réfutation de la Théorie des fonctions.* — Venons au fait.

Lagrange, en commençant cette Addition, dit « on peut démon- « trer, de différentes manières, la correspondance des fonctions dé- « rivées avec les différentielles ». Il voulait sans doute dire « la correspondance des différentielles avec les fonctions dérivées »; car, suivant son but, le terme absolu de la comparaison consistait dans les fonctions dérivées : c'est une légère inadvertance par laquelle Lagrange a payé, malgré lui, le tribut qu'on doit à la vérité. Mais laissons là les mots, et venons aux choses.

Soit Fx une fonction de x, et soient dx, $2dx$, $3dx$, etc. les accroissemens successifs que reçoit la variable x, nous aurons, en vertu du principe fondamental de la Théorie des fonctions analytiques, les développemens suivans ... (23)

$$Fx = Fx$$

$$F(x + dx) = Fx + F'x \cdot \frac{dx}{1} + F''x \cdot \frac{dx^2}{1.2} + F'''x \cdot \frac{dx^3}{1.2.3} + \text{etc.}$$

$$F(x + 2dx) = Fx + F'x \cdot \frac{2dx}{1} + F''x \cdot \frac{4dx^2}{1.2} + F'''x \cdot \frac{8dx^3}{1.2.3} + \text{etc.}$$

$$F(x + 3dx) = Fx + F'x \cdot \frac{3dx}{1} + F''x \cdot \frac{9dx^2}{1.2} + F'''x \cdot \frac{27dx^3}{1.2.3} + \text{etc.}$$

etc., etc. ;

$F'x$, $F''x$, $F'''x$, etc. désignant les fonctions dérivées, prime, seconde, tierce, etc., de la fonction primitive Fx. Or, en prenant, par des soustractions successives, les différences premières, secondes, troisièmes, etc. de ces valeurs, et désignant ces différences par dFx, d^2Fx, d^3Fx, etc., de sorte qu'on ait

$$dFx = F(x + dx) - Fx$$
$$d^2Fx = F(x + 2dx) - 2F(x + dx) + Fx$$
$$d^3Fx = F(x + 3dx) - 3F(x + 2dx) + 3F(x + dx) - Fx$$
etc., etc.;

on obtiendra les valeurs rigoureuses suivantes . . . (24)

$$dFx = F'x \,.\, dx + F''x \,.\, \frac{dx^2}{2} + F'''x \,.\, \frac{dx^3}{2.3} + F^{IV}x \,.\, \frac{dx^4}{2.3.4} + \text{etc.}$$
$$d^2Fx = 2F''x \,.\, \frac{dx^2}{2} + 6F'''x \,.\, \frac{dx^3}{2.3} + 14F^{IV}x \,.\, \frac{dx^4}{2.3.4} + \text{etc.}$$
$$d^3Fx = 6F'''x \,.\, \frac{dx^3}{2.3} + 36F^{IV}x \,.\, \frac{dx^4}{2.3.4} + \text{etc.}$$
$$d^4Fx = 24F^{IV}x \,.\, \frac{dx^4}{2.3.4} + \text{etc.}$$
etc., etc.

Maintenant, si l'on suppose que l'accroissement dx est indéfiniment petit, et, par conséquent, que les différences dFx, d^2Fx, d^3Fx, etc. sont des différentielles, et si, par cette raison, on néglige, dans les valeurs précédentes, les quantités indéfiniment petites des ordres supérieurs relativement à celles des ordres inférieurs, on aura simplement

$$dFx = F'x \,.\, dx, \quad d^2Fx = F''x \,.\, dx^2, \quad d^3Fx = F'''x \,.\, dx^3, \quad \text{etc.};$$

et par conséquent . . . (25)

$$F'x = \frac{dFx}{dx}, \quad F''x = \frac{d^2Fx}{dx^2}, \quad F'''x = \frac{d^3Fx}{dx^3}, \quad \text{etc.}$$

C'est de cette manière que Lagrange « démontre la correspondance « des fonctions dérivées avec les différentielles, en disant, qu'on voit « par là comment la supposition des infiniment petits peut servir

« à trouver les fonctions dérivées », et sur-tout en concluant que ... (26)

« *les expressions différentielles* $\frac{dFx}{dx}$, $\frac{d^2Fx}{dx^2}$, *etc., au lieu d'ex-*
« *primer ce qu'elles paraissent représenter, ne sont à la rigueur*
« *que des symboles* (*) *qui dénotent des fonctions différentes de*
« *la fonction primitive* Fx, MAIS DÉRIVÉES DE CELLE-CI SUIVANT
« CERTAINES LOIS ».

Rien de plus facile que de prononcer sur cette conclusion de Lagrange : il suffit, pour celà, de découvrir le principe tacite de la possibilité d'une telle conclusion. — Nous allons le faire.

Pour peu qu'on examine le procédé que nous venons d'exposer, et par lequel Lagrange arrive aux relations (25), on voit que rien n'y détermine la nature des fonctions $F'x$, $F''x$, $F'''x$, etc., et, par conséquent, que le principe tacite et fondamental de la conclusion (26) de Lagrange, où l'on se sert de ces fonctions pour expliquer les différentielles, consiste dans la SUPPOSITION QUE LA NATURE DES FONCTIONS DÉRIVÉES $F'x$, $F''x$, $F'''x$, etc. EST CONNUE, ou, ce qui est la même chose, dans la supposition que les LOIS DE LA GÉNÉRATION de ces fonctions dérivées sont connues. Et, en effet, Lagrange lui-même ne peut s'empêcher de reconnaître et même d'avouer ce principe fondamental, en déclarant, dans sa conclusion, que les fonctions dérivées $F'x$, $F''x$, $F'''x$, etc. sont dérivées de la fonction primitive Fx « SUIVANT CERTAINES LOIS ». — Or, où sont ces lois de la génération des fonctions dérivées $F'x$, $F''x$, $F'''x$, etc. par le moyen de

(*) Nous pourrions demander aux sectateurs de la Théorie de Lagrange, ce que c'est qu'un *symbole*, et nous pourrions même leur prouver qu'ils n'entendent rien du tout à ce mot; mais ce serait, de notre part, abuser de leur non-science philosophique.

la fonction primitive Fx? — C'est là le nœud de la question. — Certes, si la Théorie des fonctions analytiques de Lagrange pouvait présenter, pour la génération des fonctions dérivées $F'x$, $F''x$, $F'''x$, etc., des lois indépendantes des différentielles de la fonction primitive Fx, cette Théorie aurait au moins une ombre de raison pour prétendre à l'explication des fonctions différentielles : nous disons qu'elle aurait au moins *une ombre de raison,* et non la raison elle-même; car, il resterait encore à savoir si ce sont ces lois de dérivation ou les fonctions différentielles qui constituent le principe les unes des autres. Mais, si la Théorie des fonctions analytiques ne peut présenter absolument aucune loi, indépendante de différentielles, pour la génération des fonctions dérivées $F'x$, $F''x$, $F'''x$, etc. au moyen de la fonction primitive Fx, on conviendra que la prétention de cette Théorie est tout-à-fait déraisonnable, et par conséquent que, lorsque cette Théorie s'obstine, sa prétention est pour le moins ridicule. — Nous allons prouver rigoureusement qu'en effet la Théorie des fonctions analytiques, non seulement ne présente aucune loi indépendante pour la génération des fonctions dérivées $F'x$, $F''x$, $F'''x$, etc., mais, ce qui est plus, qu'il est impossible qu'elle en présente.

Dans la seconde édition de sa Théorie des fonctions, Lagrange, instruit sans doute, du moins confusément, sur le vrai point de la question par notre Réfutation de sa Théorie, a destiné un Chapitre à part à la prétendue déduction de cette loi de génération des fonctions $F'x$, $F''x$, $F'''x$, etc. : c'est le Chapitre II, intitulé *Fonctions dérivées, leur notation et leur algorithme,* où il dit expressément « qu'il faut rechercher la loi générale de la dérivation des fonctions « $F'x$, $F''x$, $F'''x$, etc. » c'est-à-dire, la loi de la génération de ces fonctions. — Or, voyons quelle est cette loi; et, pour plus de véracité, transcrivons ici littéralement les argumentations de Lagrange.

« Pour arriver à cette loi, reprenons la formule générale

$$F(x+i) = Fx + Pi + Qi^2 + Ri^3 + \text{etc.},$$

« et supposons que l'indéterminée x devienne $x+h$, h étant une « quantité quelconque indéterminée et indépendante de i; il est vi- « sible que $F(x+i)$ deviendra $F(x+i+h)$, et l'on voit en même « tems que l'on aurait le même résultat en mettant simplement $i+h$ « à la place de i dans $F(x+i)$. Donc aussi, le résultat doit être le « même, soit qu'on mette, dans la série $Fx+Pi+Qi^2+Ri^3+$ etc., « $i+h$ à la place de i, soit qu'on y mette $x+h$ au lieu de x.

« La première substitution donnera

$$Fx + P(i+h) + Q(i+h)^2 + R(i+h)^3 + \text{etc.};$$

« savoir, en développant les puissances de $i+h$, et n'écrivant, pour « plus de simplicité, que les deux premiers termes de chaque puis- « sance, parceque la comparaison de ces termes suffira pour les dé- « terminations dont nous avons besoin,

$$\begin{aligned} &Fx + Pi + Qi^2 + Ri^3 + \text{etc.};\\ &\quad + Ph + 2Qih + 3Ri^2h + 4Si^3h + \text{etc.} \end{aligned}$$

« Pour faire l'autre substitution, soient $Fx + F'x.h +$ etc., « $P + P'.h +$ etc., $Q + Q'.h +$ etc., $R + R'.h +$ etc., ce que « deviennent les fonctions Fx, P, Q, R, etc. en y mettant $x+h$ « pour x, et ne considérant dans le développement que les termes « qui contiennent la première puissance de h, il est clair que la même « formule deviendra

$$\begin{aligned} &Fx + Pi + Qi^2 + Ri^3 + \text{etc.}\\ &\quad + F'x.h + P'.ih + Q'.i^2h + R'.i^3h + \text{etc.} \end{aligned}$$

« Comme ces deux résultats doivent être identiques, quelles que

« soient les valeurs de i et de h, on aura, en comparant les termes « affectés de h, de i^2h, de i^3h, etc.,

$$P = F'x, \quad 2Q = P', \quad 3R = Q', \quad 4S = R', \quad \text{etc.}$$

« Maintenant, de même que $F'x$ est la première fonction dérivée « de Fx, il est clair que P' est la première fonction dérivée de P, que « Q' est la première fonction dérivée de Q, R' la première fonction « dérivée de R, et ainsi de suite. Donc, si, pour plus de simplicité et « d'uniformité, on dénote par $F'x$ la première fonction dérivée de « Fx, par $F''x$ la première fonction dérivée de $F'x$, par $F'''x$ la pre- « mière fonction dérivée de $F''x$, et ainsi de suite, on aura

$$P = F'x, \quad \text{et de là} \quad P' = F''x;$$

« donc
$$Q = \frac{P'}{2} = \frac{F''x}{2}, \quad \text{et de là} \quad Q' = \frac{F'''x}{2};$$

« donc
$$R = \frac{Q'}{3} = \frac{F'''x}{2.3}, \quad \text{et de là} \quad R' = \frac{F^{IV}x}{2.3};$$

« donc
$$S = \frac{R'}{4} = \frac{F^{IV}x}{2.3.4}, \quad \text{et de là} \quad S' = \frac{F^{V}x}{2.3.4};$$

« et ainsi de suite.

« Donc, substituant ces valeurs dans le développement de la fonc- « tion $F(x+i)$, on aura

$$F(x+i) = Fx + F'x.i + \frac{F''x}{2}.i^2 + \frac{F'''x}{2.3}.i^3 + \frac{F^{IV}x}{2.3.4}.i^4 + \text{etc.}$$

« Cette nouvelle expression a l'avantage de faire voir comment les « termes de la série dépendent les uns des autres, et sur-tout com- « ment, LORSQU'ON SAIT FORMER LA PREMIÈRE FONCTION DÉRIVÉE D'UNE « FONCTION PRIMITIVE QUELCONQUE, on peut former toutes les fonctions « dérivées que la série renferme. »

Voilà donc la loi de la génération des fonctions dérivées $F'x$, $F''x$, $F'''x$, etc., que présente la Théorie des fonctions analytiques. — Mais, malheureusement, un léger souffle d'intelligence suffit pour renverser tout ce laborieux échafaudage. En effet, désignant par Px, Qx, Rx, etc. les fonctions dénotées simplement par P, Q, R, etc., et comparant les développemens

$$F(x+h) = Fx + F'x \cdot h + \text{etc.}$$
$$P(x+h) = Px + P'x \cdot h + \text{etc.}$$
$$Q(x+h) = Qx + Q'x \cdot h + \text{etc.}$$
$$R(x+h) = Rx + R'x \cdot h + \text{etc.}$$
etc., etc.,

sur lesquels se trouvent fondées les argumentations de Lagrange, on conçoit immédiatement, suivant l'observation de ce géomètre, savoir,

> « *de même que* F'x *est la première fonction dérivée de* Fx, *il*
> « *est clair que* P'x *est la première fonction dérivée de* Px, *que*
> « Q'x *est la première fonction dérivée de* Qx, R'x *la première*
> « *fonction dérivée de* Rx, *etc.* »

on conçoit, disons-nous, que cette DÉRIVATION IDENTIQUE suppose nécessairement une LOI UNIQUE DE LA GÉNÉRATION des fonctions dérivées $F'x$, $P'x$, $Q'x$, $R'x$, etc., par leurs fonctions primitives respectives Fx, Px, Qx, Rx, etc. Il s'ensuit irréfragablement :

1.°) Puisque Lagrange ne légitime point la supposition d'une loi unique pour la génération de la première fonction dérivée, par le moyen de la fonction primitive, toutes ses argumentations, comme fondées sur cette supposition, sont purement gratuites; et elles ne vaudraient logiquement rien, quand même elles conduiraient à la connaissance de la nature des fonctions dites dérivées.

2.°) Puisque la Théorie de Lagrange ne fait pas connaître cette loi unique de la génération de la première fonction dérivée par la fonction primitive, loi à laquelle se trouve ramenée toute sa Théorie, il est clair que cette Théorie ne présente point la LOI DE LA GÉNÉRATION des fonctions dérivées.

Ces conclusions sont même tellement apparentes et grossières qu'on est en quelque sorte honteux de se trouver forcé à les signaler. — Quoi qu'il en soit, *c'est ce qu'il fallait prouver en premier lieu.*

Maintenant, nous allons prouver, avec la même rigueur, que la Théorie des fonctions analytiques de Lagrange, ni aucune autre Théorie de dérivation, ne sauront jamais présenter, pour la génération des fonctions dites dérivées, une loi indépendante des fonctions différentielles. — Pour le faire, il faudrait découvrir la vraie loi ou du moins une véritable loi de cette génération des fonctions dérivées, et montrer, par cette loi même, que la génération dont il s'agit, implique essentiellement les fonctions différentielles. C'est ce que nous avons déjà fait dans notre Réfutation de la Théorie des fonctions analytiques : nous y avons donné, dans sa plus grande généralité, la loi de la génération des fonctions dites dérivées, et nous y avons montré, par l'essence même de cette loi, que la génération en question implique nécessairement les fonctions différentielles qui, par cette raison, en sont les élémens absolus. Ainsi, pour donner rigoureusement la seconde preuve dont il s'agit, celle de ce qu'aucune Théorie de dérivation ne peut présenter, pour la génération des fonctions dites dérivées, des lois indépendantes de fonctions différentielles, nous pouvons nous borner ici à exposer les points principaux de cette preuve, et à renvoyer le lecteur pour les détails à notre Réfutation. — Voici ces points principaux.

Une fonction quelconque $F(x+i)$, développée suivant les facultés progressives

$$\varphi i, \quad (\varphi i)^{2|\xi}, \quad (\varphi i)^{3|\xi}, \quad (\varphi i)^{4|\xi}, \quad \text{etc.}$$

d'une fonction arbitraire φi, l'accroissement ξ étant quelconque, savoir, ... (27)

$$F(x+i) = A_0 + A_1 . \varphi i + A_2 . (\varphi i)^{2|\xi} + A_3 . (\varphi i)^{3|\xi} + \text{etc.},$$

a, pour loi de la génération des coefficiens A_0, A_1, A_2, etc., μ étant un indice quelconque de ces coefficiens, l'expression générale ... (28)

$$A_\mu = \frac{\varpi\left[\Delta^0 \varphi i^{0|\xi} . \Delta^1 \varphi i^{1|\xi} . \Delta^2 \varphi i^{2|\xi} \ldots \Delta^{\mu-1} \varphi i^{(\mu-1)|\xi} . \Delta^\mu F(x+i)\right]}{\Delta^0 \varphi i^{0|\xi} . \Delta^1 \varphi i^{1|\xi} . \Delta^2 \varphi i^{2|\xi} \ldots \Delta^{\mu-1} \varphi i^{(\mu-1)|\xi} . \Delta^\mu \varphi i^{\mu|\xi}},$$

dans laquelle, après avoir pris les différences régressives Δ par rapport à l'accroissement ξ de la variable i, il faut substituer, pour cette variable i, la valeur que donne la relation $\varphi i = 0$. — C'est là notre LOI GÉNÉRALE DES SÉRIES, qui est évidemment la loi absolue de la génération des coefficiens A_0, A_1, A_2, etc. du développement d'une fonction $F(x+i)$; loi dans laquelle tout est déterminé, et dans laquelle, de plus, tous les algorithmes sont rigoureusement exacts.

Or, cette loi étant générale, elle contient nécessairement tous les cas particuliers, lesquels même ne sauraient évidemment exister que par cette loi. Ainsi, la nature de cette loi fixe généralement la nature des coefficiens du développement d'une fonction $F(x+i)$ dans tous les cas particuliers, c'est-à-dire, dans tous les cas où la fonction φi et l'accroissement ξ se trouvent déterminés; bien plus, la nature particulière de ces coefficiens n'est possible que par cette loi absolue de la génération des coefficiens des séries. Il s'ensuit irréfragablement que les élémens de cette loi générale sont nécessairement les ÉLÉMENS

ABSOLUS de toutes les lois particulières de la génération des coefficiens dans les développemens des fonctions.

Donc, dans le cas particulier où la fonction φi est simplement i, le développement (27) de la fonction $F(x+i)$ aura la forme ... (27)'

$$F(x+i) = A_0 + A_1 . i + A_2 . i^{2|\xi} + A_3 . i^{3|\xi} + \text{etc.};$$

et la loi (28) de la génération des coefficiens A_0, A_1, A_2, etc., sera ... (28)'

$$A_\mu = \frac{\Delta^\mu F(x+i)}{\Delta^\mu (i^{\mu|\xi})},$$

où il faudra faire $i=0$, après avoir pris les différences régressives par rapport à l'accroissement ξ de la variable i. Mais on a rigoureusement

$$\Delta^\mu (i^{\mu|\xi}) = 1^{\mu|1} . \xi^\mu;$$

donc la loi précédente (28)' est RIGOUREUSEMENT ... (28)''

$$A_\mu = \frac{\Delta^\mu Fx}{1^{\mu|1} . \xi^\mu},$$

la différence régressive Δ étant ici prise par rapport à l'accroissement ξ de la variable x.

Or, si l'on suppose, avec les différentes Théories des dérivations, qu'on ait le développement ... (29)

$$F(x+i) = \Xi_0 + \Xi_1 . i + \Xi_2 . i^2 + \Xi_3 . i^3 + \text{etc.},$$

les coefficiens Ξ_0, Ξ_1, Ξ_2, etc. étant des fonctions de x, engendrées suivant certaines lois de dérivation, nous pouvons maintenant découvrir, non seulement la vraie nature de ces lois de dérivation, mais, ce qui est notre but, les principes mêmes de la détermination de ces lois. En effet, comparant les développemens (29) et (27)', nous aurons ... (30)

$$\Xi_0 + \Xi_1 . i + \Xi_2 . i^2 + \Xi_3 . i^3 + \text{etc.} =$$
$$A_0 + A_1 . i + A_2 . i^{2|\xi} + A_3 . i^{3|\xi} + \text{etc.};$$

et développant tous les termes du second membre par rapport aux puissances de i, nous pourrons, par la comparaison des coefficiens des mêmes puissances de i dans les deux membres de cette égalité, découvrir jusqu'aux principes de la détermination des coefficiens Ξ_0, Ξ_1, Ξ_2, etc. en question, parceque la nature absolue des quantités A_0, A_1, A_2, etc. se trouve donnée rigoureusement par l'expression (28)''. — Pour y arriver, faisons ... (31)

$$B_1 = A_2 i + 3A_3 i^2 + 6A_4 i^3 \ldots + (\mu I1) . A_\mu i^{\mu-1} + \text{etc.}$$
$$B_2 = 2A_3 i + 11A_4 i^2 + 35A_5 i^3 \ldots + (\mu I2) . A_\mu i^{\mu-2} + \text{etc.}$$
$$B_3 = 6A_4 i + 50A_5 i^2 + 225A_6 i^3 \ldots + (\mu I3) . A_\mu i^{\mu-3} + \text{etc.}$$
$$B_4 = 24A_5 i + 274A_6 i^2 + 1624A_7 i^3 \ldots + (\mu I4) . A_\mu i^{\mu-4} + \text{etc.}$$
etc., etc.;

en désignant, comme dans la première des Notes de notre *Réfutation*, par $(\mu I1)$, $(\mu I2)$, $(\mu I3)$, etc. les coefficiens successifs du développement de la factorielle générale

$$i^{\mu|\xi} = i^\mu + (\mu I1) . i^{\mu-1}\xi + (\mu I2) . i^{\mu-2}\xi^2 + (\mu I3) . i^{\mu-3}\xi^3 + \text{etc.}$$

Alors, le développement du second membre de l'égalité (30) donnera d'abord

$$\Xi_0 + \Xi_1 . i + \Xi_2 . i^2 + \Xi_3 . i^3 + \Xi_4 . i^4 + \text{etc.} =$$
$$A_0 + A_1 . i + A_2 . i^2 + A_3 . i^3 + A_4 . i^4 + \text{etc.} +$$
$$+ B_1 . \xi + B_2 . \xi^2 + B_3 . \xi^3 + B_4 . \xi^4 + \text{etc.};$$

et remettant les valeurs précédentes (31) des coefficiens B_1, B_2, etc.

et ordonnant les termes par rapport aux puissances de i, on aura définitivement ... (30)'

$$\Xi_0 + \Xi_1 . i + \Xi_2 . i^2 + \Xi_3 . i^3 + \Xi_4 . i^4 + \text{etc.} =$$
$$A_0 + i(A_1 + A_2\xi + 2A_3\xi^2 + 6A_4\xi^3 + \text{etc.})$$
$$+ i^2(A_2 + 3A_3\xi + 11A_4\xi^2 + 50A_5\xi^3 + \text{etc.})$$
$$+ i^3(A_3 + 6A_4\xi + 35A_5\xi^2 + 225A_6\xi^3 + \text{etc.})$$
$$+ i^4(A_4 + 10A_5\xi + 85A_6\xi^2 + 735A_7\xi^3 + \text{etc.})$$
$$+ \text{etc., etc.}$$

Donc, comparant les coefficiens des mêmes puissances de i dans les deux membres de cette égalité, on obtiendra ... (32)

$$\Xi_0 = A_0$$
$$\Xi_1 = A_1 + A_2\xi + 2A_3\xi^2 + 6A_4\xi^3 \ldots + (\mu I(\mu - 1)) . A_\mu \xi^{\mu-1} + \text{etc.}$$
$$\Xi_2 = A_2 + 3A_3\xi + 11A_4\xi^2 + 50A_5\xi^3 \ldots + (\mu I(\mu - 2)) . A_\mu \xi^{\mu-2} + \text{etc.}$$
$$\Xi_3 = A_3 + 6A_4\xi + 35A_5\xi^2 + 225A_6\xi^3 \ldots + (\mu I(\mu - 3)) . A_\mu \xi^{\mu-3} + \text{etc.}$$
$$\Xi_4 = A_4 + 10A_5\xi + 85A_6\xi^2 + 735A_7\xi^3 \ldots + (\mu I(\mu - 4)) . A_\mu \xi^{\mu-4} + \text{etc.}$$
$$\text{etc., etc.}$$

Tels sont donc les PRINCIPES ABSOLUS DE LA DÉTERMINATION des coefficiens Ξ_0, Ξ_1, Ξ_2, Ξ_3, etc. dont il est question, parceque la nature des quantités A_0, A_1, A_2, A_3, etc. se trouve déterminée, d'une manière absolue, par la loi (28)'' de leur génération. C'est donc par ces principes que nous pouvons découvrir toutes les circonstances possibles de la détermination des coefficiens Ξ_0, Ξ_1, Ξ_2, etc. en question.

D'abord, si l'on suppose, avec les Théories des dérivations, que le principe fondamental du développement (29) de la fonction $F(x+i)$, savoir, du développement

$$F(x+i) = \Xi_0 + \Xi_1 . i + \Xi_2 . i^2 + \Xi_3 . i^3 + \text{etc.},$$

consiste dans la détermination de la nature des fonctions Ξ_0, Ξ_1, Ξ_2, etc. PAR LA CIRCONSTANCE MÊME qu'elles sont des coefficiens déterminés de ce développement, comme le supposent très expressément toutes les Théories de dérivation, et spécialement la Théorie des fonctions analytiques de Lagrange; il est évident qu'en donnant à l'accroissement i les valeurs successives o, $-\xi$, -2ξ, -3ξ, etc., on aura les développemens ... (33)

$$
\begin{aligned}
Fx &= \Xi_0 \\
F(x-\xi) &= \Xi_0 - \Xi_1 . \xi + \Xi_2 . \xi^2 - \Xi_3 . \xi^3 + \text{etc.} \\
F(x-2\xi) &= \Xi_0 - \Xi_1 . 2\xi + \Xi_2 . 4\xi^2 - \Xi_3 . 8\xi^3 + \text{etc.} \\
F(x-3\xi) &= \Xi_0 - \Xi_1 . 3\xi + \Xi_2 . 9\xi^2 - \Xi_3 . 27\xi^3 + \text{etc.} \\
&\text{etc., etc.,}
\end{aligned}
$$

dans lesquels les fonctions Ξ_0, Ξ_1, Ξ_2, Ξ_3, etc. n'auront, suivant cette hypothèse, d'autre détermination que celle que lui donnent ces développemens eux-mêmes. Si l'on prend donc, par des soustractions successives de ces valeurs des fonctions Fx, $F(x-\xi)$, $F(x-2\xi)$, etc., leurs différences régressives, première, seconde, troisième, etc., on obtiendra les expressions prétendues absolues ... (34)

$$
\begin{aligned}
\Delta Fx &= \Xi_1 . \xi - \Xi_2 . \xi^2 + \Xi_3 . \xi^3 - \Xi_4 . \xi^4 + \text{etc.} \\
\Delta^2 Fx &= 2\Xi_2 . \xi^2 - 6\Xi_3 . \xi^3 + 14\Xi_4 . \xi^4 - \text{etc.} \\
\Delta^3 Fx &= 6\Xi_3 . \xi^3 - 36\Xi_4 . \xi^4 + \text{etc.} \\
\Delta^4 Fx &= 24\Xi_4 . \xi^4 - \text{etc.}
\end{aligned}
$$

etc., et généralement

$$
\begin{aligned}
\Delta^\mu Fx = 1^{\mu|1} . \{ & \aleph[N_\mu]^0 . \Xi_\mu . \xi^\mu - \aleph[N_\mu]^1 . \Xi_{\mu+1} . \xi^{\mu+1} + \\
& + \aleph[N_\mu]^2 . \Xi_{\mu+2} . \xi^{\mu+2} - \aleph[N_\mu]^3 . \Xi_{\mu+3} . \xi^{\mu+3} + \text{etc.} \},
\end{aligned}
$$

en désignant par Δ ces différences régressives, et par $\aleph$ nos fonctions alephs dans lesquelles

$$N_\mu = n_1 + n_2 + n_3 \ldots + n_\mu,$$

les élémens $n_1, n_2, n_3, \ldots n_\mu$ de ces fonctions étant ici

$$n_1 = 1, \quad n_2 = 2, \quad n_3 = 3, \quad n_4 = 4, \quad \ldots n_\mu = \mu.$$

Ainsi, en substituant dans l'expression $(28)''$ ces valeurs prétendues absolues des différences régressives ΔFx, $\Delta^2 Fx$, $\Delta^3 Fx$, etc., nous aurons, suivant toujours l'hypothèse des Théories des dérivations, les expressions prétendues absolues . . . (35)

$$\begin{aligned}
A_0 &= Fx \\
A_1 &= \Xi_1 - \Xi_2 . \xi + \Xi_3 . \xi^2 - \Xi_4 . \xi^3 + \text{etc.} \\
A_2 &= \Xi_2 - 3\Xi_3 . \xi + 7\Xi_4 . \xi^2 - \text{etc.} \\
A_3 &= \Xi_3 - 6\Xi_4 . \xi + \text{etc.} \\
A_4 &= \Xi_4 - \text{etc.}
\end{aligned}$$

etc., et généralement

$$\begin{aligned}
A_\mu = \Xi_\mu &- \aleph[N_\mu]^1 . \Xi_{\mu+1} . \xi + \aleph[N_\mu]^2 . \Xi_{\mu+2} . \xi^2 - \\
&- \aleph[N_\mu]^3 . \Xi_{\mu+3} . \xi^3 + \aleph[N_\mu]^4 . \Xi_{\mu+4} . \xi^4 - \text{etc.}
\end{aligned}$$

Donc, en revenant aux vrais principes absolus (32) de la détermination des fonctions Ξ_0, Ξ_1, Ξ_2, etc., et substituant, dans les expressions de ces principes, les valeurs précédentes (35), prétendues absolues suivant l'hypothèse des Théories des dérivations, on trouvera . . . (36)

$$\begin{aligned}
\Xi_0 &= Fx \\
\Xi_1 &= \Xi_1 \\
\Xi_2 &= \Xi_2 \\
\Xi_3 &= \Xi_3 \\
&\text{etc., etc.};
\end{aligned}$$

c'est-à-dire qu'à l'exception de la seule fonction Ξ_0, toutes les autres fonctions Ξ_1, Ξ_2, Ξ_3, Ξ_4, etc. n'auront, de cette manière, AUCUNE DÉTERMINATION. — Il s'ensuit irréfragablement que, d'après l'esprit des Théories des dérivations et spécialement de la Théorie des fonctions analytiques de Lagrange, les différentes fonctions Ξ_1, Ξ_2, Ξ_3, etc. formant les coefficiens du développement (29) de la fonction $F(x+i)$, ou les fonctions dites dérivées, n'ont absolument aucune détermination; et, par conséquent, que ces théories, lorsqu'elles restent conséquentes à leur principe fondamental, ne peuvent nullement présenter des LOIS INDÉPENDANTES pour la génération de ces coefficiens ou des fonctions dites dérivées. — *Ce qu'il fallait prouver en général.*

Actuellement, pour peu qu'on réfléchisse sur cette INDÉTERMINATION ABSOLUE des coefficiens Ξ_1, Ξ_2, Ξ_3, etc. ou des fonctions dites dérivées, telle qu'elle résulte de l'hypothèse des Théories des dérivations, on découvrira facilement que le principe de cette indétermination ou plutôt de cette TAUTOLOGIE impliquée dans les différentes Théories des dérivations, consiste en ce que, dans l'esprit de ces théories, la quantité ξ qui entre dans les principes absolus (32) de la détermination des coefficiens en question, et qui est l'accroissement des différences ΔFx, $\Delta^2 Fx$, $\Delta^3 Fx$, etc. formant les élémens absolus de la nature (28)'' des quantités A_1, A_2, A_3, etc., en ce que, disons-nous, cette quantité ξ reste INDÉTERMINÉE suivant le principe fondamental des Théories des dérivations. — De cette vérité, qui est manifeste par elle-même, résultent immédiatement les deux conséquences suivantes :

1.°) Toutes les prétendues métaphysiques du calcul différentiel, qui, d'une manière quelconque, laisseraient indéterminée la quantité ξ qui entre dans les principes absolus (32) de la détermination des fonctions dites dérivées, ne seraient au fond que de pures tautologies, et ne pourraient, par conséquent, présenter que des paralogismes ; comme, par exemple, le Système des compensations des erreurs de l'auteur des *Réflexions sur la Métaphysique du Calcul infinitésimal*, que nous avons examiné dans le premier Mémoire de cet opuscule, système qui est évidemment fondé sur la considération de l'INDÉTERMINATION de la quantité ξ dont il est question.

2.°) Pour arriver à la détermination absolue des coefficiens Ξ_1, Ξ_2, Ξ_3, etc. du développement (29) de la fonction $F(x+i)$, c'est-à-dire, à la détermination absolue des fonctions dites dérivées, il faut nécessairement, car c'est là le seul moyen d'éviter l'absurde tautologie que nous venons de signaler, il faut, disons-nous, donner à la quantité ξ qui entre dans les principes absolus (32) de cette question, une détermination PROPRE À OPÉRER la détermination absolue dont il s'agit.

Or, en examinant ces principes absolus (32), on découvre bientôt que toute détermination RÉELLE de la quantité ξ conduirait aux mêmes expressions insignifiantes (36), et entraînerait ainsi le même inconvénient (*). En effet, donnant à ξ une valeur réelle quelconque, il

(*) Nous connaissons jusqu'au principe de cette impossibilité de déterminer les coefficiens Ξ_1, Ξ_2, Ξ_3, etc. du développement

$$F(x+i) = \Xi_0 + \Xi_1 . i + \Xi_2 . i^2 + \Xi_3 . i^3 + \text{etc. } \textit{à l'infini},$$

lorsqu'on laisse INDÉTERMINÉE la quantité ξ dont il est question, ou même lorsqu'on lui donne une détermination RÉELLE : c'est que, dans l'un et l'autre cas, on élude l'idée de l'INFINI, qui se trouve impliquée dans ce développement DONT L'ESSENCE EST D'ÊTRE INFINI. On ne peut, en effet, arriver à la détermination des coefficiens Ξ_1, Ξ_2, Ξ_3, etc., qu'en y faisant entrer l'idée de ce qui en est une des parties constituantes et essentielles, c'est-à-dire, l'idée de l'infini qui, comme nous venons de le voir, fait une partie essentielle de l'idée du développement. — Nous prions les géomètres de bien réfléchir sur cette remarque : elle pourra tout à coup leur faire naître la lumière.

faudrait, pour déterminer les différences ΔFx, $\Delta^2 Fx$, $\Delta^3 Fx$, etc. qui entrent dans l'expression $(28)''$ des quantités A_1, A_2, A_3, etc., recourir à l'expression (29) du développement de la fonction $F(x+i)$, expression qui seule peut donner, d'abord, les expressions (33) et, ensuite, les expressions (34); de sorte que, ces valeurs (34) des différences ΔFx, $\Delta^2 Fx$, etc. étant substituées dans l'expression $(28)''$, on aurait encore, pour les quantités A_1, A_2, A_3, etc., les valeurs données par les expressions (35); et ces dernières valeurs étant à leur tour substituées dans les principes absolus (32), conduiraient toujours aux expressions tautologiques et insignifiantes (36). Mais on découvre aussitôt, par l'examen des principes (32), qu'en donnant, si cela était possible, à la quantité ξ en question une détermination IDÉALE, telle que les différens termes affectés de cette quantité soient rigoureusement nuls par rapport aux autres, on pourrait éviter l'écueil essentiel impliqué dans ces principes, écueil contre lequel viennent échouer les différentes métaphysiques dont nous venons de parler; et que, de cette manière, on pourrait parvenir à la détermination absolue des quantités Ξ_1, Ξ_2, Ξ_3, etc. dont il s'agit. En effet, désignant par dx cette valeur idéale ou indéfiniment petite que nous assignons hypothétiquement à la quantité ξ, et marquant par un accent ce que deviennent alors les quantités A_1, A_2, A_3, etc. qui sont fonctions de ξ; les expressions (32) nous donneraient immédiatement . . . $(32)'$

$$\Xi_1 = A'_1, \quad \Xi_2 = A'_2, \quad \Xi_3 = A'_3, \quad \text{etc.},$$

les quantités A'_1, A'_2, A'_3, etc. ayant, en vertu de l'expression $(28)''$, les déterminations absolues . . . $(28)'''$

$$A'_\mu = \frac{d^\mu Fx}{1^{\mu|1} . dx^\mu}$$

en désignant ici par d la différence idéale Δ qui répond à l'accroissement indéfiniment petit ou idéal dx. Il ne reste donc qu'à expliquer comment cette supposition idéale pour la quantité ξ, qui d'ailleurs est indispensablement NÉCESSAIRE, parceque, comme nous venons de le voir, ce n'est que par elle que peut avoir lieu la détermination absolue des quantités z_1, z_2, z_3, etc. en question, il ne reste, disons-nous, qu'à expliquer comment cette supposition idéale est elle-même POSSIBLE. — Pour y parvenir, il suffit d'observer que, si la valeur idéale de ξ dont il s'agit, n'est considérée que comme une RÈGLE SUBJECTIVE DE LA GÉNÉRATION de cette quantité ξ, et non comme une LOI OBJECTIVE DE LA DÉTERMINATION même de cette quantité, c'est-à-dire, pour parler un langage moins philosophique, si cette valeur idéale de la quantité ξ n'est considérée que comme un but intellectuel pour la génération de cette quantité, et non comme une donnée matérielle pour la détermination même de cette quantité, la supposition idéale en question est absolument possible et, par conséquent, rigoureusement vraie; observation dont la certitude est apodictique et immédiate, c'est-à-dire, telle qu'on n'a pas même besoin, pour la légitimer, de recourir à sa déduction présentée dans le second de ces Mémoires.— Donc, les DIFFÉRENCES IDÉALES qui entrent dans l'expression précédente $(28)'''$, et qui sont proprement ce qu'on appelle *différentielles* (*), sont effectivement les élémens absolus de la génération des quan-

(*) Il faut remarquer que les différences idéales ou les différentielles se trouvant ainsi être des fonctions indépendantes et même absolues, il faut qu'elles aient des lois propres pour leur génération, indépendantes des lois du développement des fonctions, desquelles dernières on les déduit communément; d'autant plus que ces lois du développement des fonctions, suivant ce que nous venons de voir, ne sont elles-mêmes possibles que par ces différences idéales qui en sont les principes absolus. — Voyez, pour cela, la seconde Note à la fin de l'ouvrage.

tités z_1, z_2, z_3, etc. formant les coefficiens du développement (29) de la fonction $F(x+i)$. Donc, les différentes Théories des dérivations ne peuvent présenter, pour la génération de ces coefficiens, c'est-à-dire, pour la génération de leurs fonctions dérivées, des lois indépendantes de FONCTIONS DIFFÉRENTIELLES. — *Ce qu'il fallait prouver en particulier.*

Or, pour en revenir à la Théorie de Lagrange, il résulte des preuves que nous venons de donner, savoir, de la preuve de ce que la Théorie des fonctions analytiques de Lagrange ne présente point de loi pour la génération des fonctions dites dérivées, et de la preuve de ce qu'il est même impossible que cette Théorie présente, pour la génération dont il est question, en général des lois indépendantes, et en particulier des lois indépendantes de fonctions différentielles, il résulte de ces preuves, disons-nous, que le principe tacite et fondamental de la conclusion (26) de Lagrange, savoir, la CONNAISSANCE DE LA NATURE des coefficiens du développement de la fonction $F(x+i)$, ou des fonctions dites dérivées, n'a nullement lieu; et, par conséquent, que cette conclusion (26) de Lagrange, formant évidemment l'essence de sa Théorie des fonctions analytiques, est tout-à-fait fausse. Bien plus, puisque la nature des fonctions dites dérivées, ou la loi de leur génération, n'est point et ne peut même pas être connue hors du calcul différentiel, il résulte du procédé exposé au commencement de ce Mémoire sous les marques (23) et (24), par lequel Lagrange arrive aux relations (25), procédé dans lequel la génération des fonctions différentielles dFx, d^2Fx, d^3Fx, etc. se trouve bien déterminée, et dans lequel, au contraire, la nature des fonctions dites dérivées ne se trouve nullement déterminée, il résulte de ce procédé, disons-nous, TOUT LE CONTRAIRE de la conclusion (26) de Lagrange, c'est-à-dire, il en résulte que ce sont les différentielles qui fixent et font connaître la nature des fonctions dites dérivées, et non réciproquement que ce sont ces dernières fonctions qui font connaître la nature des différentielles, comme le voudrait soutenir Lagrange pour sauver sa Théorie des atteintes de notre Réfutation. — Mais, en voilà assez de cette Théorie: le respect que nous devons à la vérité nous impose le devoir de ne plus la défendre lorsqu'elle est devenue si évidente. Ce n'est même pas sans une véritable répugnance que nous sommes descendu jusqu'à répondre à la seconde édition de la Théorie des fonctions analytiques; car, en faisant même abstraction de l'évidence de notre Réfutation, l'auteur de cette Théorie a, pour le moins, détruit la dignité de cette discussion, en passant par-dessus toutes les considérations qui auraient dû le déterminer à réfléchir plus profondément sur sa production, et à ne point s'obstiner à faire valoir l'erreur; comme nous allons le prouver.

D'abord, il est notoire que la Théorie des fonctions analytiques de Lagrange n'a pas eu l'accueil général des géomètres: ce ne sont, pour la plupart, que des jeunes gens qui n'ont pas encore eu le tems de mûrir leurs connaissances, ou des géomètres qui se bornent à reproduire les idées des autres, que cette Théorie compte pour sectateurs. En effet, immédiatement après l'apparition de la Théorie de Lagrange, M. Pasquich, dans ses *Opuscula Statico-Mechanica*, publiés en 1799, et spécialement dans le premier volume portant le titre *Elementa Analyseos et Geometriæ sublim. ex evidentiss. notionibus principiisque deducta*, s'est déclaré ouvertement contre les principes de Lagrange. Depuis ce tems, plusieurs autres géomètres se sont également prononcés, plus ou moins ouvertement, contre les mêmes principes: nous nous bornerons ici à citer M. Moennich, qui, dans son *Lehrbuch der Mathematik*, paraît suivre généralement l'opinion des contemporains; cet auteur, en parlant des principes en question (*vol. II.* §. 239), dit expressément: « Ob man nun hiebei « durchaus an kein Ab-und-Zunehmen ohne Ende, oder an kein

« VERSCHWINDEN denken darf, besonders bei den Differentialen, da « man zur Quadratur und Rectification gekommen wäre, lasse ich « dahin gestellt seyn. Freilich ist es immer verstattet, einen Begriff, « eine Aufgabe, ganz willkürlich anzunehmen und sich vorzugeben. « Doch aber wünscht man eine Deduktion, gleichsam einen Beweis « der Zulässigkeit des richtigen Verfahrens bei der Zusammenstellung « grade dieser Merkmahle, um den zusammengesetzten Begriff zu « formieren ». Mais, pour citer une autorité irrécusable, nous rappellerons ici ce que nous avons déjà allégué dans notre Réfutation de la Théorie de Lagrange, savoir, que « dans un Mémoire lu à la « Classe des sciences de l'Institut, dans sa séance du 29 avril 1811, « et publié récemment sous le titre de *Mémoire sur les fonctions géné- « ratrices, les intégrales définies, et leur application aux probabi- « lités*, etc., l'illustre auteur, M. le comte Laplace, passant en revue « les différens progrès du Calcul différentiel, ne dit rien de la « *Théorie des fonctions analytiques* de son illustre collègue, M. le « comte Lagrange » (*). — Il nous semble que, dans cet état de l'opinion publique, il devenait d'une haute obligation pour l'auteur de la Théorie des fonctions analytiques, de réfléchir plus profondément sur cette Théorie, et sur-tout d'éviter d'en produire tout crûment une seconde édition, lorsqu'une Réfutation scientifique formelle se trouvait exister.

En second lieu, on sait que la Théorie des fonctions analytiques est fondée sur le développement des fonctions en séries. — Lagrange, pour assurer ces fondemens de sa Théorie, a voulu démontrer à priori la forme des séries ou du développement des fonctions; et,

(*) Il faut remarquer que l'opinion de M. le comte Laplace, si elle se trouvait énoncée plus clairement dans la suite, ne pourrait avoir aucune réaction sur l'opinion générale dont il est ici question.

sans doute pour convaincre mieux le lecteur, il a appelé, déjà dans la première édition de sa Théorie, démonstration *rigoureuse et générale* la démonstration qu'il a cru donner de la forme des séries, et qui se réduit à prouver que le développement d'une fonction $F(x+i)$ en série, ne saurait contenir des puissances fractionnaires de la quantité i par rapport à laquelle procède le développement. — Or, dans notre Réfutation de la Théorie de Lagrange, où nous avons fixé le vrai point de la question sur la forme des séries, nous avons prouvé que ces algorithmes indéfinis ou les développemens des fonctions, peuvent contenir, comme parties constituantes et essentielles, des puissances fractionnaires de la quantité par rapport à laquelle procèdent ces développemens. Nous l'avons prouvé, d'abord PAR LE FAIT, en présentant (pages 94 et 95) le développement

$$\log.(x+i) = \log.(x+a^m) + A_1.(i^{\frac{1}{m}}-a) + A_2.(i^{\frac{1}{m}}-a)^2 + A_3.(i^{\frac{1}{m}}-a)^3 + \text{etc.},$$

dans lequel a et m sont deux quantités arbitraires, et dans lequel, de plus, la loi très réelle de la génération des coefficiens, pour un indice quelconque μ, a pour expression

$$A_\mu = \frac{1}{1^{\mu|1}}.\frac{ma^{m-\mu}}{(x+a^m)^\mu}.\psi_\mu,$$

la quantité générale ψ_μ étant donnée, pour un indice quelconque ϖ, par la formule

$$\psi_{\varpi+1} = \{(m-\varpi)(x+i) - \varpi mi\}.\psi_\varpi + \\ + mi(x+i).\left(\frac{d\psi_\varpi}{di}\right),$$

en ayant soin d'y substituer, après avoir pris la différentielle, la quantité a^m à la place de la variable i, et en observant qu'on a $\psi_1 = 1$. — La même assertion, celle que les développemens des fonctions peuvent contenir des puissances fractionnaires, nous l'avons prouvée, de plus, PAR ANALOGIE, en montrant (dans la note de la page 98) que les puissances fractionnaires de la quantité par rapport à laquelle procèdent les développemens, peuvent entrer dans ces développemens comme parties constituantes et essentielles de la loi de cette génération algorithmique, de même qu'il entre, dans les développemens des fonctions, certaines quantités arbitraires; par exemple, de même que, dans les développemens

$$\sin. z = \sin. a + \frac{\cos. a}{1}.(z-a) - \frac{\sin. a}{1.2}.(z-a)^2 - \frac{\cos. a}{1.2.3}.(z-a)^3 + \text{etc.}$$

$$\cos. z = \cos. a - \frac{\sin. a}{1}.(z-a) - \frac{\cos. a}{1.2}.(z-a)^2 + \frac{\sin. a}{1.2.3}.(z-a)^3 + \text{etc.},$$

il entre la quantité arbitraire a comme partie constituante et essentielle de la loi de cette génération. — Nous avons encore prouvé notre assertion PAR LA NATURE MÊME du développement des fonctions en séries, en montrant (dans la note de la page 100) qu'à la vérité sous la forme la plus particulière des séries, forme qu'on avait connue avant nous, savoir,

$$F(x+i) = A + Bi + Ci^2 + Di^3 + \text{etc.},$$

il ne pouvait entrer des puissances fractionnaires de i; mais que, sous notre forme générale des séries, savoir,

$$F(x+i) = A + B.\varphi i + C.\varphi i^{2|\xi} + D.\varphi i^{3|\xi} + \text{etc.},$$

il peut entrer, comme parties constituantes et essentielles de la loi de ces développemens, non seulement des puissances fractionnaires de la quantité i, mais même des fonctions transcendantes de cette quantité. — Nous avons prouvé enfin que même la FORME LOGIQUE de la prétendue démonstration de Lagrange, dont il est question, est inexacte, en montrant (dans la note de la page 105) que, suivant rigoureusement le raisonnement qui constitue cette démonstration de Lagrange, il ne devrait pas entrer des puissances fractionnaires dans le développement connu

$$\log. z = m. \left\{ (z^{\frac{1}{m}} - 1) - \frac{1}{2}(z^{\frac{1}{m}} - 1)^2 + \frac{1}{3}(z^{\frac{1}{m}} - 1)^3 - \text{etc.} \right\}.$$

Mais, quand même tous les argumens de Lagrange seraient vrais, nous avons montré, de plus, qu'ils ne suffiraient nullement pour donner la démonstration de la forme des séries; c'est-à-dire, nous avons montré que, même en nous persuadant qu'il ne peut entrer, dans les développemens des fonctions, des puissances fractionnaires de la quantité par rapport à laquelle procèdent ces développemens, il ne s'ensuivrait nullement qu'il dût y entrer des puissances entières de cette quantité, ou, ce qui est la même chose, qu'il existât des développemens des fonctions. Nous avons fait voir, jusques dans ses élémens, cette vérité importante concernant la nature des séries ou du développement des fonctions; en effet, nous avons fait voir, dans le second des Mémoires composant la Réfutation de la Théorie de Lagrange, que la démonstration de la forme des séries consiste proprement dans la démonstration de l'existence même des séries, et, par conséquent, dans la démonstration de la possibilité de l'équivalence générale entre une fonction quelconque et un certain algorithme indéfini formant la série, c'est-à-dire, dans la démonstration de la possibilité de l'équivalence

$$F(x+i) = \Xi_0 + \Xi_1 . i + \Xi_2 . i^2 + \Xi_3 . i^3 + \Xi_4 . i^4 + \text{etc.},$$

quelles que soient la fonction F et la valeur de i, ou généralement de l'équivalence

$$F(x+i) = A_0 + A_1 . \varphi i + A_2 . \varphi i^{2|\xi} + A_3 . \varphi i^{3|\xi} + \text{etc.},$$

quelles que soient, de plus, la fonction φi et la valeur de l'accroissement ξ. Cette haute vérité concernant cette espèce d'identité algorithmique entre une fonction quelconque et un certain algorithme indéfini formant la série ou le développement de cette fonction, présente le phénomène intellectuel le plus remarquable dans toutes les Mathématiques; et nous pouvons même par là offrir aux géomètres un critérium pour juger de la profondeur de leurs vues propres, suivant que personnellement ils peuvent, plus ou moins, approfondir la nature et apprécier l'importance de cette espèce d'identité algorithmique que nous venons de rappeler. — Aussi, avant même que nous eussions signalé cette haute vérité, plusieurs géomètres ont déjà senti la légèreté de la prétendue démonstration de Lagrange; et, suivant le critérium précédent, ils auraient même pu entrevoir les bornes étroites où se trouvaient enfermées ses vues philosophiques. Nous nous contenterons ici de citer un Corps savant, l'Académie de Berlin, qui, parmi ses *Mémoires de l'année* 1801, a publié le Mémoire de M. Burja *Sur le développement des fonctions en séries*, où ce savant, après avoir traité du développement des fonctions rationnelles, dit expressément (page 21) « Il est donc prouvé par l'expérience (*), que « le développement des fonctions les plus simples de l'algèbre peut « se faire de cette manière. On ne voit pas d'abord si la même chose « a lieu pour les fonctions plus compliquées. M. de la Grange, dans « sa Théorie des fonctions analytiques, a tâché de prouver la chose « *à priori* dans toute sa généralité. Mais sa démonstration ne laisse « pas que de prêter à quelques objections. Il fait voir d'abord que « toute fonction de $x + i$ doit être développée selon les puissances « de i, et ensuite que les coefficiens doivent se dériver l'un de l'autre

(*) Nous remarquerons, pour M. Burja, qu'une preuve PAR EXPÉRIENCE en Mathématiques, n'est encore qu'une *vérification* et non une véritable *démonstration*.

« de la manière que nous venons de dire, du moins pour le fond de « la chose, quoiqu'il s'exprime un peu différemment. La seconde « partie de sa démonstration me paraît sans réplique, c'est-à-dire « qu'en supposant le premier point, le second en résulte nécessaire- « ment. Il ne reste donc d'autre difficulté que celles qui concernent « la POSSIBILITÉ DE DÉVELOPPER TOUTE FONCTION de $x + i$, selon les puis- « sances de i, dont les exposans sont 0, 1, 2, 3, etc. Le célèbre au- « teur paraît avoir lui-même hésité à cet égard. Car, quoiqu'il éta- « blisse le théorème en général, il prouve ensuite qu'il y a telle valeur « de x qui rend la chose impossible. Il me semble néanmoins que ce « qui est vrai en général, devrait être vrai dans chaque cas particu- « lier. Ce n'est pas mon but d'entrer dans aucune discussion sur ce « sujet. » (*)

Eh bien, en dépit de toutes les preuves et du doute manifesté par les géomètres sur sa prétendue démonstration de la forme des séries, Lagrange reproduit littéralement la même démonstration dans la seconde édition de sa Théorie des fonctions, et, pour combler la mesure, il s'obstine à l'appeler, comme dans la première édition, démonstration *rigoureuse et générale*.

Tel est l'adversaire auquel nous répondons : on jugera par là combien nous sont chers les intérêts de la vérité. — Mais, dira-t-on peut-

---

(*) Nous pourrions encore citer d'une manière victorieuse, le doute sur cette démonstration de Lagrange, manifesté dans le Rapport de l'Institut de France sur notre Réfutation de la Théorie de Lagrange (*Voyez les pages* 89 *et* 107 *de cette Réfutation*). Mais ce serait nous prévaloir de la forme favorable que nous offrent les dispositions peu adroites de cette discussion. Il nous répugne d'user de pareils moyens : d'ailleurs, nous n'en avons pas besoin. Nous préférons, par amour pour la vérité, de signaler que le doute manifesté dans le Rapport de l'Institut et la prétendue démonstration de M. Poisson par laquelle on veut lever ce doute, rentrent dans les bornes étroites que nous venons de reconnaître dans les vues philosophiques de Lagrange.

13

être, si les vues philosophiques de Lagrange n'étaient pas bien étendues, il était impossible qu'il approfondît la Philosophie qui venait d'être donnée aux Mathématiques et, par conséquent, la Réfutation de sa Théorie des fonctions, qui, plus ou moins, se trouve liée avec cette Philosophie; de sorte que ce géomètre paraît excusable d'avoir reproduit sa Théorie. — Nous savons bien que Lagrange n'a pu approfondir notre Philosophie des Mathématiques; nous le savions même avant d'avoir publié la Réfutation de sa Théorie des fonctions, et c'est pour cela précisément que nous avons joint, à cette Réfutation, une découverte purement mathématique et telle que la découverte principale (*) de ce géomètre ne se trouve être qu'un cas très particulier de la nôtre : nous avions espéré que nous pourrions, au moins par là, faire naître quelques considérations; mais, malheureusement, tout a été inutile.

(*) Le *théorème de Lagrange* de 1768. — C'est là, en effet, la découverte principale de Lagrange dans les Mathématiques pures. — On sait quelle est la part que ce géomètre a dans la découverte du *Calcul des variations;* d'ailleurs, cette découverte toute entière n'est nullement comparable à celle du théorème dont il s'agit. Le calcul des variations, fondé sur une considération purement logique (Voyez Philos. des Mathém. page 45), n'est qu'une certaine application du Calcul différentiel, et ne constitue point une branche fondamentale et distincte dans le domaine de l'Algorithmie; tandis que ce théorème de Lagrange forme réellement une des premières lois, quoique très particulière, d'une branche essentiellement distincte et fondamentale, savoir, une des premières lois de la TECHNIE DE L'ALGORITHMIE. Aussi, cette loi est-elle pour Lagrange, ce que sont le binome de Newton et le théorème de Taylor pour leurs auteurs respectifs.

FIN DU TROISIÈME MÉMOIRE.

QUATRIÈME MÉMOIRE.

Sur l'Éloge de M. le comte Lagrange.

SUR L'ÉLOGE

DE

M. LE COMTE LAGRANGE.

LA célébrité de la Théorie des Fonctions analytiques de Lagrange, et les circonstances extraordinaires qui ont motivé et accompagné, d'une part, la conception d'une doctrine si étrange, et, de l'autre part, la Réfutation de cette Théorie, méritaient, ce nous semble, qu'on joignît, à cette Réfutation, un précis de la vie scientifique de l'homme illustre qui est l'auteur d'une telle doctrine. La postérité, voyant un phénomène mathématique si bizarre, sera sans doute curieuse de connaître, et par conséquent désirera trouver, pour ainsi dire sous la main, sans aller chercher ailleurs, les traits scientifiques principaux de l'auteur célèbre dont il s'agit.

Pour cela, il se présente deux pièces en quelque sorte authentiques : 1.°) la *Notice historique sur M. le comte Lagrange*, lue dans la séance publique de la classe des sciences de l'Institut impérial, le 3 janvier 1814, par M. le chevalier Delambre, secrétaire perpétuel; et 2.°) un *Supplément à cet éloge de Lagrange*, publié dans le N.° 57 du *Moniteur* (pour le samedi, 26 février 1814). — Mais, la *Notice* de M. Delambre ne remplit pas bien notre but, par les deux raisons suivantes : 1.°) Ce savant secrétaire, d'ailleurs grand astronome, ne s'occupe pas essentiellement des progrès de l'Algorithmie ou, comme on dit vulgairement, des progrès de l'*Analyse;* ce qui, sans préjudicier à son savoir astronomique, paraît ne pas le rendre juge compétent des travaux supérieurs de Lagrange: 2.°) Cette *Notice* de M. le chevalier Delambre porte plus sur la vie privée que sur la vie scientifique de Lagrange; car, ce qu'il faut ici conserver pour la postérité, c'est en quelque sorte la vie *pragmatique,* et non la vie *physique* de ce géomètre, c'est-à-dire, les CAUSES EXTÉRIEURES ou les occasions qui ont donné lieu à ses travaux, et les CAUSES INTÉRIEURES ou ses opinions scientifiques propres. Au contraire, le *Supplément* à l'éloge de Lagrange, formant la seconde des deux pièces dont il s'agit, paraît tout-à-fait propre pour notre but, en ce que, d'abord, ce *Supplément* satisfait pleinement aux points principaux qu'exigent les deux raisons que nous venons d'alléguer contre la *Notice* de M. Delambre, et que, de plus, il a l'avantage accessoire de n'être pas fait sur un moule commun, celui des *Notices académiques,* et de l'être cependant par un FRANÇAIS, ce qui, dans l'état de barbarie où se trouve encore l'Europe sur ce point, nous garantit contre la partialité que nous aurions eu à craindre si cet éloge de Lagrange eût été fait par un étranger (*). — Nous nous en tiendrons donc à ce *Supplément,* que nous transmettons ici fidèlement tel qu'il se trouve dans le *Moniteur* cité plus haut (**).

On sera sans doute aussi curieux de connaître l'auteur de l'éloge;

(*) Ce qui prouve que l'auteur du Supplément dont il est question, n'est pas un ÉTRANGER, c'est que, suivant aussi le courant général de l'Europe que nous venons de nommer dans le texte, il cherche à établir la supériorité mathématique de d'Alembert sur Euler.

(**) Nous ne changerons rien, pas même à la forme de cette pièce: ainsi, les caractères majuscules, italiques, etc., tout sera conservé. — Quant aux notes qui y sont jointes sous le nom de *Notes du rédacteur,* on ne dit pas quel est ce rédacteur, c'est-à-dire, si c'est le rédacteur du *Moniteur* ou le rédacteur de la *Notice historique* (M. Delambre): dans cette incertitude, nous dirons *Notes présumées de M. Delambre.*

malheureusement, nous ne pouvons pas l'apprendre à nos lecteurs, parceque cet éloge se trouve anonyme. Tout ce que nous pouvons induire de l'ensemble de cette pièce, c'est que 1°.) son auteur paraît, à tous égards, l'égal de M. le comte Lagrange, et que 2.°) ses études favorites paraissent dirigées vers le Système du Monde, parcequ'il s'y arrête davantage par une espèce de prédilection, peut-être aussi pour donner le change. — Quoi qu'il en soit, voici la pièce.

Lettre à M. le Rédacteur du Moniteur universel, *sur l'Eloge de Lagrange, par M. Delambre, publié dans les N*[os]. *de ce journal des* 17, 18 *et* 19 *janvier* 1814; *suivie de quelques remarques, et d'un Supplément à cet Eloge.*

10 Février, 1814.

Monsieur, le *Moniteur* s'est empressé d'imprimer la *Notice historique sur Lagrange,* lue à la dernière séance publique de l'Institut, par M. le chevalier Delambre, l'un des secrétaires perpétuels de la première classe. Ce tableau d'une vie pleine de travaux et de gloire, sera d'autant plus précieux aux nombreux admirateurs du génie de Lagrange, que ceux qui ont bien connu ce grand géomètre s'empresseront d'attester qu'il y est peint avec autant de fidélité que de talent. Cependant, en examinant cette *Notice* avec toute l'attention qu'elle mérite, j'ai cru y remarquer une erreur sur un point qui a quelque importance, tandis que sur un petit nombre d'autres, qui en ont beaucoup moins, j'aurais desiré plus d'exactitude, ou ne point trouver matière à douter. En vous adressant, Monsieur, les remarques que j'ai faites sur cet excellent article de biographie, je me permets d'y joindre quelques nouveaux détails sur l'homme célèbre dont il nous retrace l'histoire. L'avantage que j'ai eu de voir de près M. Lagrange pendant plusieurs années, est un garant de leur authenticité, et me fait penser qu'ils seront lus avec intérêt par les amateurs de la géométrie. On y trouvera sur-tout des directions vraiment précieuses pour l'étude de cette belle science. Je crois devoir les publier, dans l'espoir que les jeunes géomètres qui en auront connaissance, sauront mieux en profiter que celui qui avait eu le bonheur de les recueillir de la bouche d'un si grand maître.

Agréez, Monsieur, l'assurance de mes sentimens distingués.

L. B. M. D. G.

Dans l'un des premiers alinéas de la *Notice*, on nomme Halley comme auteur d'un Mémoire composé tout exprès pour démontrer la supériorité de l'analyse moderne, et qui fit abandonner à Lagrange l'étude exclusive de la géométrie des anciens. Mais, en admettant le fait, ce Mémoire était-il bien de Halley (a)? Quand on n'a point auprès de soi la collection des Transactions philosophiques, on ne peut réclamer contre cette assertion avec une entière assurance. Cependant il serait permis d'en douter, en remarquant que Halley a consacré une partie considérable de sa vie à publier, à restaurer et à restituer les ouvrages d'un ancien géomètre des plus fameux (*Apollonius*); que, dans ses nombreux écrits sur les méthodes des anciens, il n'a cessé de les vanter et d'exciter à leur étude; qu'ami de Newton,

---

(a) L'anecdote sur Halley a été racontée par M. Lagrange, dans une séance du bureau des longitudes. Le Mémoire cité est celui où l'on trouve la formule générale du foyer d'un verre. Halley était admirateur des anciens géomètres; mais il ne dissimulait pas la supériorité de l'analyse moderne. Ainsi, pour les logarithmes, il avait tiré du binome de Newton et du calcul des fluxions, des expressions *bien préférables aux méthodes laborieuses des premiers inventeurs.* (*Note présumée de M. Delambre.*)

il partageait le préjugé de ce grand homme en faveur de la géométrie pure, et qu'il contribua puissamment à faire publier les *Principes* sous la forme synthétique que l'illustre auteur leur a donnée; enfin, qu'à l'exception d'un petit nombre de points du calcul algébrique ou de la théorie des équations, il n'a traité dans ses écrits d'aucune des branches qui constituent proprement l'analyse moderne.

D'après le même article, Lagrange aurait été professeur aux écoles d'artillerie dès l'âge de *seize* ans (*b*). Mais, si l'on exige une exactitude rigoureuse dans les époques, celle-ci me semble douteuse; car Lagrange m'a souvent répété qu'il ne commença l'étude des mathématiques qu'en 1753, dans sa dix-septième année, et il m'a dit (une seule fois, à la vérité) que c'est à l'âge de dix-neuf ans qu'il fut nommé professeur.

Comme on peut être curieux de connaître la série de ses premiers travaux, je vais, d'après lui, la rapporter dès-à-présent. Il étudia d'abord l'arithmétique, les élémens d'Euclide, et l'algèbre de Clairaut; puis, *en moins de deux ans*, il lut dans l'ordre où je les énonce: les Institutions analytiques de Mlle Agnesi, l'*Introductio* d'Euler, les Leçons de Jean Bernouilli, la Mécanique d'Euler, et les deux premiers livres des Principes de Newton, la Dynamique de d'Alembert, le Calcul intégral de Bougainville, enfin le Calcul différentiel et le *Methodus inveniendi* d'Euler. Ce fut, comme on le sait, l'étude de ce

---

(*b*) C'est d'après la dernière conversation de M. Lagrange, recueillie par M. Chaptal, qu'on a dit seize ans. Le *Journal de l'Empire*, du 28 avril 1813, l'a dit de même. M. Viray, dans sa notice imprimée vers le même tems, a dit quinze; mais M. Cossali a dit dix-neuf dans son Eloge imprimé en Italie. A dix-neuf ans, c'est-à-dire en 1755, Lagrange avait déjà communiqué à Euler des découvertes importantes; et, pour professer à seize les mathématiques élémentaires, il n'avait besoin d'aucun des ouvrages dont il commença la lecture à l'âge de dix-sept ans. (*Note présumée de M. Delambre.*)

dernier ouvrage qui le conduisit à découvrir le calcul des variations.

En parlant de l'origine de cette brillante découverte, telle que Lagrange lui-même doit l'avoir racontée deux jours avant sa mort, le savant auteur de la *Notice* a laissé par mégarde échapper une erreur importante, qui rend peu intelligibles les deux articles consacrés à ce détail (*c*). On y confond la découverte de la méthode des variations, avec celle d'une de ses plus belles applications, le théorème général de mécanique, auquel on a laissé le nom de *Principe de la moindre action*.

Pour le faire voir, il devient nécessaire de reproduire les deux articles de la *Notice* (1).

Les premières tentatives pour déterminer le maximum et le minimum dans toutes les formules intégrales indéfinies, avaient été faites à l'occasion de la courbe de la plus vite descente et des isopérimetres de Bernouilli. Euler les avait ramenées à une méthode générale, dans un ouvrage original où brille par-tout une profonde science du calcul; mais, quelque ingénieuse que soit sa méthode, elle n'avait pas toute la simplicité qu'on peut desirer dans un ouvrage de pure analyse. L'auteur en convenait lui-même, il croyait apercevoir la nécessité d'une démonstration indépendante de la géométrie; « il paraît « entièrement se défier des ressources de l'analyse, et finit en disant: « si mon principe n'est pas suffisamment démontré, comme cependant

(*c*) Ce qui a rendu ces deux articles peu intelligibles, c'est qu'ils ont été abrégés pour la lecture publique, qui a forcé de supprimer un grand tiers de la notice. Dans la première rédaction, on nommait expressément et séparément le calcul des *variations* et le principe de *la moindre action*; et dans une note, on citait les deux passages latins ci-après, dont l'un est relatif à *Pdp*, et l'autre au principe métaphysique.

(*Note présumée de M. Delambre.*)

(1) Voyez *le Moniteur* du 17 janvier, page 67, col. 3.

« *il est conforme à la vérité, je ne doute pas qu'au moyen d'une saine* « *métaphysique on ne puisse lui donner la plus grande évidence, et* « *j'en laisse le soin à ceux qui font leur état de la métaphysique.*

« *Cet appel, auquel n'ont pas répondu les métaphysiciens, fut en-* « *tendu par Lagrange, dont il excita l'émulation.* » *En peu de tems, le jeune homme trouva la solution dont Euler avait désespéré; il la trouva par l'analyse;* « *et, en rendant compte de la voie qui l'avait* « *conduit à cette découverte, il dit expressément, et comme pour ré-* « *pondre au doute d'Euler, qu'il la regarde non comme un principe* « *métaphysique, mais comme un résultat nécessaire des lois de la mé-* « *canique, comme un simple corollaire d'une loi plus générale, dont* « *il a fait depuis la base de sa Mécanique analytique.* (Voyez cet ou- « vrage, page 189 de la première édition.) » (2).

Donnons maintenant quelques détails exacts.

Dans son fameux ouvrage sur les isopérimètres (*Methodus inveniendi*, etc.), Euler exprimait le desir qu'on trouvât une solution purement analytique de la question générale. Voici ses termes, page 56 de l'ouvrage cité : *Desideratur itaque Methodus a resolutione geometricâ et lineari libera, quâ pateat in tali investigatione maximi minimi-ve, loco $P\,dp$ scribi debere $-p\,dP$.* Tel est *l'appel* que Lagrange entendit, et auquel il répondit par la découverte de la *méthode des variations.* D'ailleurs, il n'a rien publié sur les idées qui l'y ont amené; et il ne la mit au jour qu'en 1762, après l'avoir cependant communiquée par lettres à Euler, dès l'année 1755. (*Voyez les Mélanges de Turin*, tome IV, page 163.)

D'autre part, à la suite de l'ouvrage sur les Isopérimètres, Euler avait inséré deux appendices, l'un sur les courbes élastiques, l'autre

(2) En transcrivant ces deux articles, on a marqué par des guillemets les passages qui ne peuvent point s'appliquer à la découverte de la méthode des variations.

sur le mouvement des projectiles : c'est dans celui-ci qu'il démontra « que, dans les trajectoires décrites par des forces centrales, l'inté« grale de la vitesse, multipliée par l'élément de la courbe, fait tou« jours un *maximum* ou un *minimum.* » Mais il ne reconnut cette propriété que dans le mouvement des corps isolés, et fit de vains efforts pour l'étendre au mouvement de ceux qui agissent les uns sur les autres d'une manière quelconque. Tout ce qu'il put faire, ce fut d'essayer de s'assurer par un argument métaphysique que la chose devait être ainsi ; et il termina cette dissertation par la phrase suivante : *Cujus ratiocinii vis, etiam-si nondum satis perspiciatur, tamen quia cum veritate congruit, non dubito quin, ope principiorum sanioris metaphysicæ, ad majorem evidentiam evehi queat; quod negotium aliis, qui metaphysicam profitentur, relinquo.*

Lagrange, possesseur de la méthode des variations, ne tarda pas à l'appliquer à cette question, et en communiquant à Euler, dès 1756, qu'il avait réussi à étendre son beau théorême à un systême quelconque de corps, il lui fit connaître la manière de s'en servir pour résoudre tous les problêmes de dynamique. (Voyez les *Mélanges de Turin*, tom. IV, page 166.) On voit encore par sa pièce de prix sur la libration de la lune, qu'en 1764, il avait déjà reconnu que ce prétendu *principe de la moindre action* n'était qu'une conséquence de celui des *vitesses virtuelles;* mais ce n'est guère que dans sa Mécanique analytique qu'il a *démontré* cette conséquence, et c'est là seulement que, sans rendre compte de la voie qui l'a conduit à sa découverte, il dit qu'il regarde le principe de la moindre action, non comme un principe métaphysique, mais comme un résultat simple et général des lois de la mécanique. (page 189.)

Je me hâte de relever encore deux légères inexactitudes qui se rencontrent dans la *Notice.*

On y lit que le concert de louanges dont Lagrange était l'objet ne fut troublé *qu'une seule fois.* Il eût mieux valu dire, *que par un seul homme* (*d*); car Fontaine attaqua Lagrange dans les Mémoires de l'Académie, à deux reprises; en 1767, sur la méthode des variations, et en 1768, sur la solution du problême des tautochrones. Aussi Lagrange répondit-il deux fois : à la première attaque, dans le quatrième vol. des Mélanges de Turin, et à la seconde, dans les Mémoires de Berlin pour 1770. — On trouve plus loin que les leçons de Lagrange à l'Ecole Polytechnique, qui ont paru sous le titre si connu de *Théorie des fonctions*, sont le développement des idées dont le germe était dans *deux* Mémoires publiés en 1772 (*e*). Or, on n'a de lui qu'un *seul* Mémoire sur ce sujet; il se trouve dans le Recueil de l'Académie de Berlin pour cette même année. A cette occasion, il peut être convenable de rappeler qu'Arbogast, dans un écrit envoyé à l'Académie de Paris en 1789, avait devancé Lagrange dans l'application à la géométrie de l'idée principale de ce Mémoire de 1772.

Après ces observations, pour la plupart assez minutieuses, passons au supplément que nous avons promis, et rapportons fidèlement ce qu'une longue fréquentation de ce grand géomètre nous a permis de recueillir de sa conversation.

La *Notice* cite de lui un mot piquant : *Si j'avais eu de la fortune*, a dit Lagrange, *je n'aurais probablement pas fait mon état des mathématiques.* Il faut qu'il regardât un tel obstacle comme bien réel; car je ne puis oublier qu'un jour qu'on lui présentait un jeune homme

---

(*d*) L'observation est juste, l'expression *par un seul homme* eût été rigoureusement exacte. (*Note présumée de M. Delambre.*)

(*e*) Il n'y a en effet qu'un seul Mémoire sur les véritables fondemens du calcul différentiel dans le volume de 1772. Mais, dans le même volume, il y a sur les équations algébriques un second Mémoire; c'est ce qui a occasionné cette méprise peu importante. (*Note présumée de M. Delambre.*)

comme s'adonnant aux sciences exactes avec beaucoup d'ardeur, sa première question fut : « Avez-vous de la fortune ? » Et sur la réponse qui ne fut pas tout-à-fait négative, il répliqua : « Tant pis, Monsieur. « Le défaut de fortune et de l'existence qu'elle donne dans le monde, « est un aiguillon constant que rien ne peut remplacer, et sans lequel « on n'apporte point à des travaux aussi pénibles toute la suite né« cessaire. » L'événement a justifié depuis la vérité du pronostic.

Il s'effrayait, en effet, pour ceux qui aspiraient à de véritables succès dans l'étude de l'analyse, des progrès immenses qu'elle avait faits depuis le tems de ses premiers travaux. Il disait une fois, avec cette naïveté qui ne le rendait pas moins intéressant que son génie, et en montrant une pile d'ouvrages modernes déposée sur sa table : « Je plains les jeunes géomètres qui ont tant d'épines à avaler. Si « j'avais à recommencer, je n'étudierais pas : ces gros *in*-4° me feraient « trop peur. » Il ajouta peu après : « On aura beau faire, les vrais « amateurs devront toujours lire Euler, parceque dans ses écrits tout « est clair, bien dit, bien calculé, parcequ'ils *fourmillent* de beaux « exemples, et qu'il faut toujours étudier dans les sources. »

Toutes les fois qu'on parlait devant lui de quelque nouvelle édition d'un livre de géométrie, il exprimait le vœu qu'on réimprimât, en un seul volume, les ouvrages originaux sur l'analyse infinitésimale ; savoir, la Méthode de Fermat pour les *maxima* et les *minima ;* le Mémoire de Leibnitz qui contient l'exposition du calcul différentiel (Actes de Leipsick pour 1684) ; les Infiniment petits de Lhôpital, et les Leçons de calcul intégral de Jean Bernouilli. Il faisait un cas particulier de ces *Leçons*, et reconnaissait devoir beaucoup à leur étude, par la raison sur-tout que dans sa jeunesse on ne faisait que les lui *prêter*, et qu'il était ainsi dans l'obligation de n'en rien oublier. Cette réunion des premiers inventeurs dans toute leur pureté, plaisait à son imagination.

Il aurait aussi desiré qu'on formât une collection de quelques écrits ou Mémoires remarquables, d'une date postérieure, tels que celui d'Euler sur les mouvemens de rotation (Berlin, 1758), celui de d'Alembert sur quelques méthodes du calcul intégral (Berlin, 1748), etc. Il admirait singulièrement dans ce dernier ouvrage l'ingénieux artifice de l'auteur pour éviter la difficulté que présente le cas des racines égales dans les équations linéaires ; et remarquait souvent avec quelque amertume, que l'on paraissait oublier peu-à-peu combien les sciences exactes devaient au génie de ce grand géomètre. « Dès mes premières études, disait-il, j'avais conçu pour d'Alembert « une admiration passionnée, et je l'ai toujours conservée, parceque « c'est lui qui, dans le siècle dernier, a fait le plus de brillantes dé« couvertes. Je conviens cependant qu'on étudiera plutôt Euler dans « tous les tems, et avec raison, parcequ'il a mieux écrit. Ce sont là « mes deux grands hommes, ajoutait-il, ceux dont je fais le plus de « cas après Newton; mais tout le monde ne peut pas être aussi *heu« reux* que Newton. » Aussi, dans nos troubles civils, lorsqu'il brûla presque tous ses papiers et ses correspondances, celles de d'Alembert et d'Euler échappèrent seules à une proscription qu'il croyait nécessaire.

Il est donc permis de penser que Lagrange n'aurait pas entièrement approuvé l'expression de l'auteur de la *Notice* qui peint Euler comme *tenant le sceptre de la géométrie* (*f*) au moment où le premier

---

(*f*) Euler était trop modeste pour écrire ou même penser qu'il tînt le sceptre des mathématiques ; mais c'est aujourd'hui une opinion assez généralement répandue. Les fragmens d'une lettre adressée à un ami de d'Alembert pourraient n'être pas l'expression bien exacte des sentimens d'Euler. On y voit cependant qu'il se croit en état *de découvrir tout, s'il pouvait savoir quelque petite chose de la méthode de d'Alembert ; aussi peu que ce fût.* Quelques géomètres vivans, qui ont connu d'Alembert, doutent un peu

entrait dans la carrière. Voici d'ailleurs quelques fragmens de lettres autographes d'Euler qui prouvent qu'il n'était pas lui même disposé à s'arroger tant de supériorité sur son illustre émule. Elles ont été adressées de Berlin à un savant français, dans les années 1752 et suivantes.

M. d'Alembert a sur-tout le génie de l'invention, et on le voit à tout ce qu'il fait. Son chef-d'œuvre est son ouvrage sur la précession et la nutation; et cette question est tout ce que l'on peut de plus difficile.

Je suis dégoûté de travailler sur la théorie de la lune, depuis sur-tout que M. d'Alembert a dit avoir une manière particulière de traiter les approximations et de fort peu négliger. Je voudrais en savoir quelque petite chose, aussi peu que ce fût: je me chargerais bien de découvrir tout.

Je vous suis bien obligé des éclaircissemens que vous m'avez donnés de l'ouvrage de M. d'Alembert sur la lune, dont j'attends avec la plus grande impatience la publication. Plus j'approfondis les difficultés dont cette recherche est enveloppée, plus je suis convaincu que personne n'est capable de les surmonter que M. d'Alembert, dont la pénétration excite en moi autant d'admiration que d'estime (3).

---

du plaisir qu'Euler eût ressenti en voyant d'Alembert à la tête de l'Académie. Euler était le géomètre dont Lagrange parlait avec plus d'admiration; et, parmi les géomètres français de cette époque, Clairaut était celui dont il avait adopté les calculs avec plus de confiance, et sans se croire obligé de les vérifier. (*Note présumée de M. Delambre.*)

(3) Ces fragmens font connaître l'opinion d'Euler sur le géomètre; je me permets d'en ajouter un qui montre ce qu'Euler pensait de l'*homme*.

J'ai eu l'honneur de voir ici M. d'Alembert qui m'a témoigné à tous égards tant d'amitié que j'en suis tout-à-fait pénétré de reconnaissance, et que je serais infiniment ravi s'il acceptait la place de président de notre académie. Ce serait assurément le seul

Rappelons-nous que de tels témoignages ont été rendus par de tels hommes à celui qui, *le premier*, donna une méthode générale pour réduire toutes les questions de mouvement à des questions d'équilibre; découvrit les principes du mouvement de rotation des corps solides et les équations rigoureuses du mouvement des fluides; introduisit dans la physique le calcul aux différences partielles; résolut avec la rigueur nécessaire les problêmes des cordes vibrantes, de la précession des équinoxes et de la nutation, et traita généralement la question de la figure des planètes; à l'auteur de la méthode d'intégrer les équations simultanées et de plusieurs autres procédés de calcul intégral non moins féconds et ingénieux; au géomètre dont la solution du problême des trois corps est préférée par l'illustre auteur de la *Mécanique céleste*, et qui porta un coup-d'œil philosophique sur toutes les bases des mathématiques pures et appliquées; rappelons-nous tous ces vrais titres de gloire, et nous pourrons, il est vrai, nous borner à rire de ce journaliste *anglais* qui parle de d'Alembert comme d'un plagiaire (4); mais nous regretterons, pour l'honneur de la nation, que des *Français*, parlant de son fameux principe de dynamique, aient employé l'expression de principe *attribué* à d'Alembert: comme s'il ne lui appartenait pas à bien plus juste titre que celui des vitesses virtuelles n'appartiendrait à Lagrange lui-même; comme si la solution du problême des centres d'oscillation par Jacques Bernouilli, où l'on trouve l'emploi d'une idée analogue, eût renfermé

---

moyen de nous rendre heureux ici; or, je me flatte qu'à la fin il se rendra aux instances qu'on lui a faites. — Maintenant, mon fils aîné est assez bien établi, depuis que, sur la recommandation de M. d'Alembert, le roi lui a accordé une pension de six cents écus, etc. Ceci a été écrit en 1763. (*Note de l'auteur de l'éloge.*)

(4) Dans le *Quarterly Review*, cité par le Journal de l'Empire du 15 janvier 1814. (*Note de l'auteur de l'éloge.*)

ce principe si clairement, qu'on dût en rapporter la découverte à ce géomètre! Cependant, cette solution était depuis quarante ans entre les mains des autres, de Bernouilli, de Taylor, de Côtes, de Maclaurin, de Fontaine, de Clairaut, d'Euler lui-même, qui ne cessaient de se proposer des questions particulières de dynamique, sans qu'aucun d'eux eût songé à y trouver ce fameux principe; et quand une fois d'Alembert l'eut publié, tous ces défis tombèrent pour jamais.

Revenons à Lagrange dont cette longue digression nous a peut-être trop écartés.

En parlant du *bonheur* de Newton qui avait trouvé *un système du Monde à expliquer* (bonheur, remarquait-il d'un air sérieux et presque chagrin, qu'on ne rencontre pas *tous les jours*), il se plaisait à citer ce qu'il appelait aussi le *bonheur* d'un de ses confrères, dont le génie inventif et original l'avait fortement frappé. Nous allons même nous hasarder à citer de lui un propos à ce sujet qui peint fidèlement sa manière naïve de s'exprimer quand il était vivement pénétré: « Voyez, dit-il un jour, ce dia... de *** ! avec son application de l'a« nalyse à la génération des surfaces, il sera immortel, il sera im« mortel!... »

Sa candeur était égale à sa pénétration, et le contraste habituel de ces deux grandes qualités de son esprit et de son caractère, donnait à son commerce un haut degré d'intérêt et de piquant. Comme il n'avait que des idées parfaitement nettes, il voulait toujours que leur expression fût une peinture fidèle de ses conceptions. De là, quand il avait commencé quelque phrase qu'il désespérait d'achever assez clairement, ces interruptions originales, suivies pour l'ordinaire de son mot favori, *je ne sais pas, je ne sais pas....* Sans chercher à la retourner autrement, il la laissait là brusquement. Souvent aussi ces silences imprévus étaient causés par une idée nouvelle qui venait à la traverse, et qui absorbait rapidement son *intelligence re-*

chercheuse (5). Qui ne l'a pas vu s'interrompre ainsi tout-à-coup aux leçons qu'il donnait à l'Ecole polytechnique, paraître quelquefois embarrassé comme un commençant, quitter le tableau et venir s'asseoir en face de l'auditoire, tandis que maîtres et élèves, confondus sur les bancs, attendaient dans un respectueux silence qu'il eût ramené sa pensée des espaces qu'elle était allée parcourir!

Le vrai talent obtenait toujours son suffrage; j'ai presque dit son hommage, tant il avait de modestie. Il ne parlait de ses prédécesseurs dans la carrière, et de ceux qui de nos jours s'y sont fait un nom mérité, qu'avec la plus haute estime et les plus grands égards. Le seul Condorcet ne pouvait trouver grace devant lui; il disait que cet académicien « n'avait fait de passable que son premier ouvrage; « que ses autres productions étaient médiocres ou mauvaises, et « qu'il n'avait de toute sa vie intégré une équation nouvelle; qu'il « aurait gâté l'analyse si on l'eût laissé faire, et qu'elle devenait entre « ses mains un barbarisme complet. »

Il lui reprochait, comme à Fontaine, d'avoir cherché des méthodes directes d'intégration, et paraissait convaincu que c'est une véritable folie de penser à en découvrir. Il blâmait aussi d'Alembert d'avoir tranché trop séchement la question des *forces vives* en soutenant que ce n'était qu'une question de mots, et se proposait d'éclaircir plus complettement cette fameuse discussion.

Quand il parlait du système du Monde, une de ses remarques favorites était celle de la disparité entre quelques-unes des constantes des orbites et les autres élémens. « Il semble, disait-il, que la nature « ait disposé ces orbites exprès pour qu'on puisse les calculer. Ainsi, « l'excentricité des planètes est très petite, et celle des comètes est

---

(5) Expression bien vraie de *Hérault de Séchelles*, en parlant de Lagrange.
(*Note de l'auteur de l'éloge.*)

« énorme. Sans cette disparité si favorable aux approximations, et si « ces constantes étaient d'une grandeur moyenne, *adieu les Géo-* « *mètres;* on ne pourrait rien faire. »

Souvent il laissait voir quelque inquiétude sur l'imperfection des méthodes d'approximation employées dans l'astronomie physique, et paraissait craindre qu'elles ne devinssent une espèce de mine d'où l'on tirerait à-peu-près tout ce qu'on voudrait. Mais il ne manifestait guères ces doutes qu'à voix basse, pour ainsi dire, et en les accompagnant de plusieurs *je ne sais pas.*

Il se repentait de n'être pas revenu plus souvent sur quelques parties de ses ouvrages qui offraient des erreurs à relever ou des omissions à réparer. « Je ne l'ai pas fait, parceque c'était l'habitude de « d'Alembert et qu'on s'en moquait; mais aussi, ajoutait-il, je me « suis laissé souffler bien des découvertes importantes qui étaient la « suite de mes Mémoires. »

Dans le grand nombre de ses écrits, celui pour lequel je l'ai vu témoigner le plus franchement son estime, traite du calcul intégral des fonctions irrationnelles; il est inséré dans le recueil de l'Académie de Turin, pour 1784. D'ailleurs il parlait peu de ses propres ouvrages, et sa modestie ne le disposait pas à en conseiller l'étude.

Sa grande réputation l'exposait à être souvent consulté par ceux qui voulaient faire des progrès dans l'étude de la géométrie, et qui pensaient avec raison qu'il pourrait aisément leur indiquer la meilleure direction à imprimer à leurs travaux. Mais il aimait peu à donner des conseils de ce genre: il avait si parfaitement étudié seul et sans guide, qu'il croyait de bonne foi les autres aussi heureusement nés que lui. Sa réponse ordinaire était qu'en géométrie il ne faut pas de maître, et qu'on n'apprend bien que ce qu'on apprend soi-même; ou, quand on insistait: « Etudiez Euler, et attachez-vous à résoudre « tous les problêmes que vous rencontrerez; car en lisant les solu-

« =tions d'un autre, vous n'apprenez ni les raisons qu'il a eues pour se tour=
« =ner de tel ou tel côté, ni les difficultés qu'il a trouvées sur son passage. »

Un jour qu'il m'entretenait de cette répugnance à donner des directions et à conseiller une manière d'étudier plutôt qu'une autre, il la rapporta à ce qu'il n'avait jamais eu de maître ni de compagnon dans les travaux, en sorte que les occasions de traiter ce sujet lui ayant manqué, il n'en avait point l'habitude. " Ce n'est pas, continua-t-il, que je n'eusse pu en parler
« tout comme un autre ; car je crois avoir bien réfléchi de bonne heure sur la
« meilleure marche à suivre dans l'étude de l'analyse, et je m'étais fait un
« certain nombre de principes que j'ai toujours fidèlement suivis, et que je
« vais vous citer :

" Je n'étudiais jamais dans le même temps qu'un seul ouvrage ; mais
« s'il était bon, je le lisais jusqu'à la fin.

" Je ne me hérissais point d'abord contre les difficultés, mais je les laissais
« pour y revenir ensuite, vingt fois s'il le fallait ; si, après tous ces efforts, je ne
« comprenais pas bien, je cherchais comment un autre géomètre avait traité
« ce point-là.

" Je ne quittais point le livre que j'avais choisi, sans le savoir, et je pas=
« =sais tout ce que je savais bien, quand je le rencontrais de nouveau.

" Je regardais, comme assez inutile, la lecture des grands traités d'analyse
« pure : il y passe, à la fois, un trop grand nombre de méthodes devant les
« yeux. C'est dans les ouvrages d'application qu'il faut les étudier ; on y juge
« de leur utilité, et on y apprend la manière de s'en servir. Selon moi, c'est
« aux applications qu'il convient surtout de donner son temps et sa peine ;
« et il faut se borner, en général, à consulter les grands ouvrages sur le cal=
« =cul, à moins qu'on ne rencontre des méthodes inconnues ou curieuses
« par leurs usages analytiques.

« Dans mes lectures, je réfléchissais principalement sur ce qui « pouvait avoir guidé mon auteur à telle ou telle transformation ou « substitution, et à l'avantage qui en résultait ; après quoi, je cherchais « si telle autre n'eût pas mieux réussi, afin de me façonner à prati= « =quer habilement ce grand moyen de l'analyser.

« Je lisais toujours la plume à la main, développant tous les calculs, et « m'exerçant sur toutes les questions que je rencontrais ; et je regardais « comme une excellente pratique celle de faire l'analyse des méthodes, et « même l'extrait des résultats, quand l'ouvrage était important ou estimé.

« Dès mes premiers pas, j'ai cherché à approfondir certains sujets pour « avoir occasion d'inventer ; et à me faire, autant que possible, des « théories à moi sur les points essentiels, afin de les mieux graver dans « ma tête, de me les rendre propres, et de m'exercer à la composition.

« J'avais soin de revenir fréquemment aux considérations géométriques, « que je crois très propres à donner au jugement de la force et de la netteté.

« Enfin, je n'ai jamais cessé de me donner chaque jour une tâche pour « le lendemain. L'esprit est paresseux ; il faut prévenir sa lâcheté naturelle, « et le tenir en haleine pour en développer toutes les forces et les avoir prêtes « au besoin ; il n'y a que l'exercice pour cela. C'est encore une excellente « habitude que celle de faire, autant qu'on le peut, les mêmes choses aux mêmes « heures, en réservant les plus difficiles pour le matin ; je l'avais prise du roi de « Prusse, et j'ai éprouvé que cette régularité rend peu-à-peu le travail plus facile « et plus agréable. » (6)

---

(6) Je puis affirmer que tous ces principes m'ont été communiqués par Mr Lagrange dans une soirée dont il avait employé la première partie à m'assurer de nouveau qu'il

A propos de son quatrième principe, il me dit encore qu'à peine instruit des premières méthodes de calcul différentiel et intégral, il avait entrepris la lecture de la Mécanique d'Euler, où il n'apprit pas seulement la dynamique, mais encore le calcul intégral proprement dit, et qu'il se rappelait que ce travail avait singulièrement accru ses forces. Les beaux problêmes dont ce livre est rempli, lui facilitèrent beaucoup la lecture des Principes de Newton dont il combinait l'étude avec celle de cet excellent ouvrage. «Lisez-le donc avec soin, ajouta-« t-il, ainsi que la belle *théorie du mouvement des corps solides* qui en « est la suite. » Alors, se laissant aller à son admiration pour Euler, il le mit à la tête de tous ceux qui ont écrit sur les mathématiques, pour la clarté, pour la méthode, et sur-tout pour ces *beaux exemples* auxquels il revenait sans cesse. Il conclut en répétant que « quand « on voulait être géomètre, il fallait étudier Euler. » — Tout autre que lui aurait dit EULER et LAGRANGE.

REMARQUE.

L'auteur de l'éloge de Lagrange que nous venons de transmettre, reproche (ci-dessus page 109) à M. Delambre l'inexactitude d'avoir

---

n'aimait point à causer de la manière d'étudier les mathématiques, qu'il ne voulait point en parler. Il lui arrivait quelquefois de renoncer ainsi, peu-à-peu et sans s'en apercevoir, à des résolutions comme celle-là, pourvu que les assistans eussent grand soin de ne point paraître s'en apercevoir eux-mêmes, et de le laisser s'abandonner à l'impulsion momentanée qui le maîtrisait. Cependant, la *bonne fortune* que je viens de rapporter, est la seule que m'ait procurée un intervalle de quinze ans pendant lesquels j'ai eu le bonheur de le voir assez souvent; je l'écoutai donc ce soir-là, comme on peut le croire, avec encore plus d'avidité que de coutume, et je me hâtai, en le quittant, de consigner fidèlement par écrit les documens précieux que je venais de recueillir.

(*Note de l'auteur de l'éloge.*)

dit que « le concert de louanges dont Lagrange était l'objet ne fut « troublé *qu'une seule fois* ». — Il sera curieux, à cette occasion, de savoir ce que dit M. Delambre dans sa *Notice*. Voici donc ses paroles.

« Une seule fois, ce concert de louanges (de Lagrange) fut trou- « blé. — Un géomètre français qui réunissait à beaucoup de sagacité « un amour-propre plus grand encore, et ne se donnait guère la « peine d'étudier les ouvrages des autres, accusa M. Lagrange de « *s'être égaré dans la nouvelle route qu'il avait tracée, faute d'en « avoir bien entendu la théorie*. Il lui reprochait *de s'être trompé « dans ses assertions et ses calculs*. Lagrange, dans sa réponse, montre « quelque étonnement de ces expressions peu obligeantes auxquelles « il était si peu accoutumé ; il s'attendait au moins à les voir moti- « vées sur quelques raisons *bonnes ou mauvaises :* mais il n'en trou- « vait d'aucune espèce. Il fait voir que la solution proposée par « Fontaine était incomplette et illusoire à certains égards. Fontaine « s'était vanté d'avoir appris aux géomètres les conditions qui ren- « dent possible l'intégration des équations différentielles à trois va- « riables ; Lagrange lui faisait voir par plusieurs citations que ces « conditions étaient connues des géomètres long-tems avant que « Fontaine ne fût en état de les leur enseigner. Il ne nie pas, au « reste, que Fontaine n'ait pu trouver ces théorèmes de lui-même ; « *du moins je suis persuadé*, ajoutait-il, *qu'il était aussi en état que « personne de les trouver*.

« C'est avec ces égards et cette modération qu'il répond à l'agres- « seur. Condorcet, dans l'éloge de Fontaine, à l'occasion de cette dis- « pute, est obligé d'avouer que son confrère s'y était écarté de cette « politesse d'usage, dont jamais il n'est permis de se dispenser, mais « qu'il croyait peut-être moins nécessaire avec des adversaires illus- « tres et dont la gloire n'avait pas besoin de ces petits ménagemens. « On sent ce que vaut cette excuse, sur-tout quand on la présente en

« faveur d'un homme qui, de son propre aveu, s'appliquait *à étudier* « *la vanité des autres pour la blesser dans l'occasion.* Il faut convenir « au moins que celui qui s'est vu attaqué de cette manière quand il « avait raison, et qui a su conserver cette politesse avec l'adversaire « qui s'en était dispensé, s'est acquis un double avantage sur celui « dont il a d'ailleurs victorieusement repoussé les attaques impru- « dentes. » (DELAMBRE.)

Nous observerons que, si Lagrange n'a *repoussé* alors *victorieusement* que des *attaques imprudentes*, qui n'étaient d'ailleurs motivées sur aucune espèce de raisons, *ni bonnes ni mauvaises*, il devenait, ce nous semble, inutile pour la science, et même pour la gloire de Lagrange, de rappeler ces attaques, si ce n'est pour en faire retomber la honte sur Fontaine, leur auteur. On conçoit ainsi pourquoi M. Delambre n'a pas jugé convenable de citer un tout autre genre d'attaques (la Réfutation de la Théorie des fonctions analytiques); lesquelles, à ce qu'il paraît, se trouvent motivées sur QUELQUES RAISONS, puisque Lagrange, qui aimait à *repousser victorieusement* de *mauvaises attaques*, n'a pu repousser celles-ci. — Mais, dira sans doute la postérité, pour ménager les intérêts d'un ou de plusieurs individus, était-il permis au savant secrétaire (M. Delambre) de manquer à la vérité!

FIN DU QUATRIÈME ET DERNIER MÉMOIRE.

16

NOTES.

PREMIÈRE NOTE.

Sur la Méthode générale d'approximation, ou la Méthode algorithmique d'exhaustion.

Dans le second des Mémoires précédens, où nous avons déduit l'existence d'une méthode algorithmique d'exhaustion, nous avons déjà déterminé la nature de l'APPROXIMATION ALGORITHMIQUE proprement dite, qui est le caractère distinctif de cette méthode : nous avons vu que ce caractère consiste en ce que « les accroissemens « successifs des différens termes que, par le moyen de cette méthode, « on calcule pour s'approcher continuellement ou indéfiniment de « la quantité qu'on désire connaître, ne sont liés par aucune loi ». C'est par là que cette méthode diffère des *procédés techniques;* mais comme, dans cette méthode, les divers termes que nous venons de nommer, doivent être calculés directement ou à priori, et non déduits par des essais ou à posteriori, cette méthode diffère également des simples *méthodes de tâtonnement.* Au reste, nous renvoyons le lecteur au second Mémoire, pour approfondir la vraie nature de la méthode algorithmique d'approximation ou d'exhaustion dont il est question; et nous nous bornerons, suivant cette nature, à établir que, pour obtenir cette méthode, il faut trouver une loi qui, en nous faisant remonter, de plus en plus, aux premiers élémens de la génération d'une quantité cherchée, sans que cependant il soit nécessaire de lier ces progrès continuels, nous fasse parvenir à la connaissance de cette quantité. — C'est cette loi, prise dans sa plus grande généralité, que nous allons présenter.

Soit fx une fonction d'une quantité indéterminée x, et soient p et q deux quantités déterminées; il est évident que si nous désignons par X toute quantité qu'on peut désirer connaître, la forme de cette quantité inconnue X sera généralement . . . (37)

$$X = f(x' + q) - f(x' + p).$$

En effet, vu la généralité de l'expression fx de la quantité inconnue d'un problème, on connaît, ou du moins on est censé connaître, dans ce problème, une valeur de la fonction fx, correspondante à une valeur déterminée $(x' + p)$ de la variable x, savoir, on doit connaître, comme une donnée du problème, la valeur $f(x' + p)$ de la fonction cherchée fx; de sorte que, dans un problème, il ne reste proprement d'inconnu que la différence entre cette valeur donnée $f(x' + p)$, correspondante à la valeur particulière $(x' + p)$ de x, et une autre valeur $f(x' + q)$, correspondante à la valeur générale $(x' + q)$ de x; et c'est effectivement cette dernière inconnue, désignée par X, qui se trouve exprimée par la forme précédente (37).

Il s'agit donc d'avoir la loi d'une génération algorithmique qui nous conduise, de plus en plus, à la connaissance de cette quantité X. — Or, quel que soit le problème où il est question de la fonction générale fx et, en dernier lieu, de la quantité $X = f(x' + q) - f(x' + p)$, il faut toujours que, par ce problème même, se trouvent données, d'une manière directe ou indirecte, les différentielles de tous les ordres de la fonction en question fx; car, ce sont ces différentielles qui, comme élémens indéfinis de la génération de la quantité fx, peuvent seules déterminer cette quantité : aussi, sait-on que, quel que soit un problème proposé, on a toujours, ou immédiatement ou du moins médiatement, les différentielles de la fonction demandée fx. Ainsi puisque, d'une part, les données générales de tout problème où il est question d'une fonction fx, se trouvent être les différentielles de tous les ordres de cette fonction, et que, de l'autre part, les élémens absolus de la détermination de cette fonction consistent réellement dans ces différentielles, il est évident que, pour arriver généralement à la loi que nous nous proposons de découvrir, il suffit de réduire la forme (37) de la quantité demandée X, à l'état où, au lieu des fonctions $f(x' + q)$ et $f(x' + p)$ qui sont encore en question, il ne se trouve plus que les différentielles de la fonction fx, qui sont données par le problème; c'est-à-dire qu'il suffit d'exprimer la forme (37) de la quantité inconnue X, en fonctions différentielles de fx. Et, c'est ce que nous allons faire.

La formule $(g)'$ de notre Philosophie des Mathématiques (page 58) donne

$$\Delta^{\mu-\nu} f(x-\nu\xi) = (-1)^{\nu}.\left\{\Delta^{\mu} fx - \frac{\nu}{1}.\Delta^{\mu-1} fx + \frac{\nu(\nu-1)}{1.2}.\Delta^{\mu-2} fx - \frac{\nu(\nu-1)(\nu-2)}{1.2.3}.\Delta^{\mu-3} fx + \text{etc.}\right\};$$

μ, ν et ξ étant des quantités quelconques, et Δ désignant les différences prises, suivant la voie régressive, par rapport à l'accroissement ξ de la variable x. Ainsi, lorsque $\mu = \nu$, on aura ... (38)

$$f(x-\mu\xi) = (-1)^{\mu}.\left\{\Delta^{\mu} fx - \frac{\mu}{1}.\Delta^{\mu-1} fx + \frac{\mu(\mu-1)}{1.2}.\Delta^{\mu-2} fx - \frac{\mu(\mu-1)(\mu-2)}{1.2.3}.\Delta^{\mu-3} fx + \text{etc.}\right\}.$$

Si l'on dénote donc par Δ_{ξ} et Δ_{ζ} les différences prises respectivement par rapport aux accroissemens ξ et ζ, on aura aussi

$$f(x-\mu\xi) = (-1)^{\mu}.\left\{\Delta_{\xi}^{\mu}fx - \frac{\mu}{1}.\Delta_{\xi}^{\mu-1}fx + \frac{\mu(\mu-1)}{1.2}.\Delta_{\xi}^{\mu-2}fx - \frac{\mu(\mu-1)(\mu-2)}{1.2.3}.\Delta_{\xi}^{\mu-3}fx + \text{etc.}\right\},$$

$$f(x-\mu\zeta) = (-1)^{\mu}.\left\{\Delta_{\zeta}^{\mu}fx - \frac{\mu}{1}.\Delta_{\zeta}^{\mu-1}fx + \frac{\mu(\mu-1)}{1.2}.\Delta_{\zeta}^{\mu-2}fx - \frac{\mu(\mu-1)(\mu-2)}{1.2.3}.\Delta_{\zeta}^{\mu-3}fx + \text{etc.}\right\};$$

de sorte que, prenant les différences de ces expressions, il viendra ... (39)

$$\begin{aligned} f(x-\mu\xi) - f(x-\mu\zeta) = (-1)^{\mu}.\Big\{ & (\Delta_{\xi}^{\mu}fx - \Delta_{\zeta}^{\mu}fx) \\ & - (\Delta_{\xi}^{\mu-1}fx - \Delta_{\zeta}^{\mu-1}fx).\frac{\mu}{1} \\ & + (\Delta_{\xi}^{\mu-2}fx - \Delta_{\zeta}^{\mu-2}fx).\frac{\mu(\mu-1)}{1.2} \\ & - (\Delta_{\xi}^{\mu-3}fx - \Delta_{\zeta}^{\mu-3}fx).\frac{\mu(\mu-1)(\mu-2)}{1.2.3} \\ & + \text{etc., etc.}\Big\}. \end{aligned}$$

Or, si l'on prend deux suites croissantes de quantités, savoir, ... (40)

$$\xi_1, \xi_2, \xi_3, \ldots \xi_\omega \quad \text{et} \quad \zeta_1, \zeta_2, \zeta_3, \ldots \zeta_\omega;$$

et qu'on désigne respectivement par $P_1, P_2, P_3, \ldots P_\omega$ la suite de valeurs de la formule précédente (39), correspondantes aux valeurs respectives $\xi_1, \xi_2, \xi_3, \ldots \xi_\omega$ et $\zeta_1, \zeta_2, \zeta_3, \ldots \zeta_\omega$ des quantités ξ et ζ, on aura ... (41)

$$\begin{aligned} f(x-\mu\xi_1) - f(x-\mu\zeta_1) &= P_1 \\ f(x-\mu\xi_2) - f(x-\mu\zeta_2) &= P_2 \\ f(x-\mu\xi_3) - f(x-\mu\zeta_3) &= P_3 \\ \ldots\ldots\ldots & \ldots\ldots \\ f(x-\mu\xi_\omega) - f(x-\mu\zeta_\omega) &= P_\omega. \end{aligned}$$

Et, introduisant dans les quantités (40) les relations suivantes ... (40)$'$

$$\xi_1 = \zeta_2, \quad \xi_2 = \zeta_3, \quad \xi_3 = \zeta_4, \quad \dots \xi_{\omega-1} = \zeta_\omega;$$

si l'on prend la somme des expressions (41), il viendra ... (41)$'$

$$f(x - \mu\xi_\omega) - f(x - \mu\zeta_1) =$$
$$= (P_1 + P_2 + P_3 \dots + P_\omega).$$

Donc, si l'on fait de plus ... (40)$''$

$$\mu\zeta_1 = p, \quad \text{et} \quad \mu\xi_\omega = q;$$

l'expression précédente (41)$'$, en y substituant $(x' + p + q)$ à la place de x, donnera ... (42)

$$f(x' + q) - f(x' + p) =$$
$$= -(P'_1 + P'_2 + P'_3 \dots + P'_\omega),$$

en désignant par P'_1, P'_2, P'_3, ... P'_ω ce que deviennent les quantités P_1, P_2, P_3, ... P_ω lorsqu'on y substitue $(x' + p + q)$ à la place de x.

Telle est donc la première expression de la quantité demandée X ou de la différence des valeurs $f(x' + q)$ et $f(x' + p)$ de la fonction fx en question ; expression qui déjà ne contient que des différences de cette fonction, prises par rapport aux accroissemens ζ_1, ζ_2, ζ_3, ... ζ_ω et ξ_ω de la suite arbitraire (40) de ces quantités. — Or, si le nombre $(\omega + 1)$ des termes de cette suite croissante des quantités ζ_1, ζ_2, ζ_3, ... ζ_ω et ξ_ω, était infiniment plus grand que $(q - p)$, ces quantités ζ_1, ζ_2, ζ_3, etc. ne s'accroîtraient successivement que par des quantités indéfiniment petites, parceque leur différence $(\xi_\omega - \zeta_1)$ est égale à $\frac{1}{\mu}(q - p)$, et que μ peut et doit toujours être une quantité finie. Donc, dans ce cas hypothétique, la suite des quantités P'_1, P'_2, P'_3, ... P'_ω données par les expressions (41), présenterait tous les accroissemens indéfiniment petits de la fonction fx, depuis $f(x' + p)$

jusqu'à $f(x'+q)$; de sorte que, de cette manière, ce serait pour ainsi dire épuiser (*exhaurire*) la génération de la quantité demandée $X=f(x'+q)-f(x'+p)$. C'est là la raison de ce que nous nommons aussi *méthode d'exhaustion* la méthode d'approximation dont il s'agit; car, prenant pour ω un nombre de plus en plus grand, on épuise en quelque sorte, de plus en plus, les élémens mêmes de la génération de la quantité demandée X; et c'est aussi là l'esprit de la méthode d'exhaustion des anciens, comme nous le verrons encore mieux dans la suite.

Il ne reste donc maintenant, pour achever la détermination de l'expression (42), que nous nous sommes proposé d'effectuer en fonctions différentielles de la fonction fx en question, il ne reste, disons-nous, qu'à obtenir, par le moyen de ces fonctions différentielles, l'expression générale des différences $(\Delta_{\xi}^{m} fx - \Delta_{\zeta}^{m} fx)$ par lesquelles se trouvent données, dans l'expression (39), les quantités P_1, P_2, P_3, ... P_{ω}. Mais observons auparavant qu'en prenant les différences suivant la voie progressive, au lieu de les prendre suivant la voie régressive comme nous l'avons fait plus haut, nous pouvons, en procédant de la même manière, arriver à une seconde expression de la quantité demandée X ou de la différence des valeurs $f(x'+q)$ et $f(x'+p)$, savoir, à une expression différente de l'expression (42) mais analogue avec elle. En effet, partant de l'expression (38) et nous rappelant (Voyez la seconde Note dans la *Réfutation*) que, pour passer des différences régressives aux différences progressives, il suffit de changer le signe de l'accroissement ξ de la variable, et celui des différences d'ordres impairs, cette expression (38) donnera... (43)

$$f(x+\mu\xi) = {}'\Delta^{\mu} fx + \frac{\mu}{1}\cdot{}'\Delta^{\mu-1} fx + \frac{\mu(\mu-1)}{1.2}\cdot{}'\Delta^{\mu-2} fx$$
$$+ \frac{\mu(\mu-1)(\mu-2)}{1.2.3}\cdot{}'\Delta^{\mu-3} fx + \text{etc.},$$

en désignant ici par $'\Delta$ les différences prises suivant la voie progressive. Donc, si l'on dénote encore par $'\Delta_\xi$ et $'\Delta_\zeta$ les différences prises respectivement par rapport aux accroissemens ξ et ζ, on aura comme plus haut

$$f(x+\mu\xi) = {'\Delta}_\xi^\mu fx + \frac{\mu}{1}.{'\Delta}_\xi^{\mu-1} fx + \frac{\mu(\mu-1)}{1.2}.{'\Delta}_\xi^{\mu-2} fx + \frac{\mu(\mu-1)(\mu-2)}{1.2.3}.{'\Delta}_\xi^{\mu-3} fx + \text{etc.},$$

$$f(x+\mu\zeta) = {'\Delta}_\zeta^\mu fx + \frac{\mu}{1}.{'\Delta}_\zeta^{\mu-1} fx + \frac{\mu(\mu-1)}{1.2}.{'\Delta}_\zeta^{\mu-2} fx + \frac{\mu(\mu-1)(\mu-2)}{1.2.3}.{'\Delta}_\zeta^{\mu-3} fx + \text{etc.};$$

expressions dont la différence donnera . . . (44)

$$\begin{aligned}(x+\mu\xi) - f(x+\mu\zeta) = &({'\Delta}_\xi^\mu fx - {'\Delta}_\zeta^\mu fx)\\ &+ ({'\Delta}_\xi^{\mu-1} fx - {'\Delta}_\zeta^{\mu-1} fx).\frac{\mu}{1}\\ &+ ({'\Delta}_\xi^{\mu-2} fx - {'\Delta}_\zeta^{\mu-2} fx).\frac{\mu(\mu-1)}{1.2}\\ &+ ({'\Delta}_\xi^{\mu-3} fx - {'\Delta}_\zeta^{\mu-3} fx).\frac{\mu(\mu-1)(\mu-2)}{1.2.3}\\ &+ \text{etc., etc.}\end{aligned}$$

Or, si l'on prend de nouveau deux suites croissantes de quantités, savoir,

$$\xi_1,\ \xi_2,\ \xi_3,\ \ldots\ \xi_\omega, \quad \text{et} \quad \zeta_1,\ \zeta_2,\ \zeta_3,\ \ldots\ \zeta_\omega;$$

et qu'on désigne ici respectivement par Q_1, Q_2, Q_3, ... Q_ω la suite de valeurs de la formule précédente (44), correspondantes aux valeurs respectives $\xi_1, \xi_2, \xi_3, \ldots \xi_\omega$ et $\zeta_1, \zeta_2, \zeta_3, \ldots \zeta_\omega$ des quantités ξ et ζ, on aura encore . . . (45)

$$f(x+\mu\xi_1)-f(x+\mu\zeta_1)=Q_1$$
$$f(x+\mu\xi_2)-f(x+\mu\zeta_2)=Q_2$$
$$f(x+\mu\xi_3)-f(x+\mu\zeta_3)=Q_3$$
$$\ldots\ldots\ldots\ldots\ldots\ldots$$
$$f(x+\mu\xi_\omega)-f(x+\mu\zeta_\omega)=Q_\omega;$$

de sorte qu'en introduisant, comme plus haut sous la marque (40)′, entre les quantités ξ_1, ξ_2, ξ_3, ... ξ_ω et ζ_1, ζ_2, ζ_3, ... ζ_ω, les mêmes relations

$$\xi_1=\zeta_2,\quad \xi_2=\zeta_3,\quad \xi_3=\zeta_4,\quad \ldots\ \xi_{\omega-1}=\zeta_\omega,$$

si l'on prend la somme des expressions (45), il viendra ... (45)′

$$f(x+\mu\xi_\omega)-f(x+\mu\zeta_1)=$$
$$=(Q_1+Q_2+Q_3\ldots+Q_\omega).$$

Donc, si l'on fait encore ici

$$\mu\zeta_1=p,\quad \text{et}\quad \mu\xi_\omega=q,$$

et si l'on désigne par Q'_1, Q'_2, Q'_3, ... Q'_ω ce que deviennent les quantités Q_1, Q_2, Q_3, ... Q_ω lorsqu'on y met x' à la place de x, on aura immédiatement ... (46)

$$f(x'+q)-f(x'+p)=$$
$$=(Q'_1+Q'_2+Q'_3\ldots+Q'_\omega);$$

et telle est la seconde expression de la quantité demandée X ou de la différence des valeurs $f(x'+q)$ et $f(x'+p)$ de la fonction fx en question.

Réunissant les deux expressions différentes (42) et (46), que nous venons d'obtenir pour la quantité demandée X en procédant par des voies opposées, savoir, ... (47)

$$X = f(x' + q) - f(x' + p) =$$
$$= -(P'_1 + P'_2 + P'_3 \ldots + P'_\omega)$$
$$X = f(x' + q) - f(x' + p) =$$
$$= +(Q'_1 + Q'_2 + Q'_3 \ldots + Q'_\omega),$$

nous aurons ainsi, pour la détermination de cette quantité inconnue X, deux termes de comparaison qui nous serviront pour arriver, de plus en plus et PAR INDUCTION, à la connaissance de cette quantité; et c'est en cela précisément que se trouve l'analogie entre la méthode d'exhaustion des anciens et la méthode d'approximation dont il est question. En effet, dans la méthode géométrique des anciens, les polygones inscrits dans la courbe et les polygones circonscrits à la courbe formaient deux termes de comparaison qui conduisaient, de plus en plus et par induction, à la connaissance de la courbe; tout comme, dans la méthode algorithmique présente, les deux expressions (47) qui sont les limites opposées de la génération de la quantité X, conduisent, de la même manière, à la connaissance de cette quantité: bien plus, pour compléter l'analogie, les principes algorithmiques de l'inscription et de la circonscription des polygones par rapport aux courbes, se trouvent proprement dans les expressions précédentes (47), comme nous en dirons quelque chose dans la suite (*).

(*) C'est ici le lieu d'appliquer ce que, dans le second des Mémoires précédens, nous avons dit sur le procédé inductionnel que suivent les méthodes d'exhaustion, géométrique et algorithmique. — Soient généralement A et B les valeurs que donnent les deux expressions (47) pour la quantité X; et désignons par A_1, B_1; A_2, B_2; A_3, B_3; etc. les différentes valeurs particulières de plus en plus approchées de X, en prenant pour ω un nombre de plus en plus grand. S'il existe un nombre M qui se trouve dans la même relation avec A_1 et B_1, A_2 et B_2, A_3 et B_3, etc., on aura, par induction, $X = M$; et c'est là le procédé inductionnel que suivent les méthodes d'exhaustion pour arriver à la connaissance de X.

Venons maintenant à la détermination de l'expression générale des différences $(\Delta^{m}_{\xi} fx - \Delta^{m}_{\zeta} fx)$ et $({}'\Delta^{m}_{\xi} fx - {}'\Delta^{m}_{\zeta} fx)$ en fonctions différentielles de la fonction fx dont il est question; détermination qui, comme nous l'avons déjà remarqué plus haut, doit compléter la détermination des expressions (47) de la quantité demandée X. — Mais, cette recherche n'appartient pas proprement à la question présente : elle appartient à la Philosophie de la Théorie des différences, qui en fournit les données à l'Algorithmie dans les divers cas où cette dernière en a besoin; aussi, nous bornerons-nous ici à exposer, comme donnés, les résultats de la recherche dont il s'agit, en nous réservant d'en exposer la marche dans la suite de nos ouvrages. — Voici ces résultats.

Soit toujours fx la fonction de x, sur laquelle il s'agit de prendre les différences $(\Delta^{m}_{\xi} fx - \Delta^{m}_{\zeta} fx)$ d'un ordre quelconque m, par rapport aux accroissemens ξ et ζ; et soit $\varphi\xi$ une fonction arbitraire, mais telle que la relation $\varphi\xi = 0$ donne $\xi = \zeta$. La question est de déterminer généralement la valeur de $(\Delta^{m}_{\xi} fx - \Delta^{m}_{\zeta} fx)$, développée par rapport aux puissances de la fonction arbitraire $\varphi\xi$.

Pour cela, formons d'abord, avec un indice quelconque ρ, les fonctions alephs suivantes ... (48)

$$\aleph[N_\rho]^0, \quad \aleph[N_{\rho-1}]^1, \quad \aleph[N_{\rho-2}]^2, \quad \ldots \quad \aleph[N_1]^{\rho-1},$$

en faisant toujours généralement (*Philos. des Mathém.* pages 65, 143 et suiv.) pour un indice quelconque ω,

$$N_\omega = n_1 + n_2 + n_3 \ldots + n_\omega,$$

et en donnent ici, à ces élémens des fonctions alephs, les valeurs suivantes ... (48)'

$$n_1 = 1, \quad n_2 = 2, \quad n_3 = 3, \quad n_4 = 4, \quad \ldots \quad n_\omega = \omega.$$

Formons de plus, avec ces fonctions alephs, la quantité générale ... (49)

$$H(m)_\rho = (m)^{1|1} . \aleph[N_1]^{\rho-1} . \left(\frac{\Delta^{m-1}}{m,1}\right)\left(\frac{d^\rho f(x-m\xi)}{dx^\rho}\right)$$

$$+ (m-1)^{2|1} . \aleph[N_2]^{\rho-2} . \left(\frac{\Delta^{m-2}}{m,1}\right)\left(\frac{d^\rho f(x-m\xi)}{dx^\rho}\right)$$

$$+ (m-2)^{3|1} . \aleph[N_3]^{\rho-3} . \left(\frac{\Delta^{m-3}}{m,1}\right)\left(\frac{d^\rho f(x-m\xi)}{dx^\rho}\right)$$

$$\cdots\cdots\cdots\cdots\cdots\cdots\cdots\cdots$$

$$+ (m-\rho+1)^{\rho|1} . \aleph[N_\rho]^0 . \left(\frac{\Delta^{m-\rho}}{m,1}\right)\left(\frac{d^\rho f(x-m\xi)}{dx^\rho}\right),$$

en dénotant ici par $\left(\frac{\Delta}{m,1}\right)$ les différences prises, suivant la voie régressive, par rapport à l'accroissement 1 de la variable m.

Maintenant, prenons les quantités M_μ, $M_{\mu-1}$, $M_{\mu-2}$, etc., et N_μ, $N_{\mu-1}$, $N_{\mu-2}$, etc., données par les formules (6) de la *Réfutation de Lagrange*, ou proprement par les formules (6)′ de l'*Errata* annexé au présent ouvrage, en changeant, dans ces formules, les différences des facultés φx, $(\varphi x)^{2|\xi}$, $(\varphi x)^{3|\xi}$, etc. en différentielles des puissances $\varphi\xi$, $(\varphi\xi)^2$, $(\varphi\xi)^3$, etc.; et formons, avec ces quantités et les quantités précédentes (49), la suite nouvelle de fonctions ... (50)

$$A(m)_1 = (-1)^{m+1} . \frac{1}{d\varphi\xi} . \left\{ d\xi . (M_1 - N_1) . H(m)_1 \right\}$$

$$A(m)_2 = (-1)^{m+2} . \frac{1}{d^2(\varphi\xi)^2} . \left\{ d\xi^2 . (M_2 - N_2) . H(m)_2 \right.$$

$$\left. + d\xi . (M_1 - N_1) . H(m)_1 \right\}$$

$$A(m)_3 = (-1)^{m+3} \cdot \frac{1}{d^3(\varphi\xi)^3} \cdot \Big\{ d\xi^3 \cdot (M_3 - N_3) \cdot H(m)_3 + d\xi^2 \cdot (M_2 - N_2) \cdot H(m)_2 + d\xi \cdot (M_1 - N_1) \cdot H(m)_1 \Big\}$$

etc., et généralement pour un indice quelconque μ,

$$A(m)_\mu = (-1)^{m+\mu} \cdot \frac{1}{d^\mu(\varphi\xi)^\mu} \cdot \Big\{ d\xi^\mu \cdot (M_\mu - N_\mu) \cdot H(m)_\mu + d\xi^{\mu-1} \cdot (M_{\mu-1} - N_{\mu-1}) \cdot H(m)_{\mu-1} + d\xi^{\mu-2} \cdot (M_{\mu-2} - N_{\mu-2}) \cdot H(m)_{\mu-2} + \text{etc., etc.} \Big\}.$$

Nous aurons, pour les différences en question, l'expression générale ... (51)

$$(\Delta^m_\xi fx - \Delta^m_\zeta fx) = A(m)_1 \cdot \varphi\xi + A(m)_2 \cdot (\varphi\xi)^2 + A(m)_3 \cdot (\varphi\xi)^3 + A(m)_4 \cdot (\varphi\xi)^4 + \text{etc., etc.};$$

en observant que, dans les expressions (50) des coefficiens $A(m)_1$, $A(m)_2$, $A(m)_3$, etc., il faut substituer, après les différentiations, à la place de la variable ξ la quantité ζ donnée pour ξ par la relation $\varphi\xi = 0$.

Quant aux différences $({}'\Delta^m_\xi fx - {}'\Delta^m_\zeta fx)$ prises suivant la voie progressive, il suffit, comme on sait, de changer le signe de celles de ces différences qui sont d'ordre impair, et le signe des accroissemens ξ et ζ dans la fonction fx. De cette manière, il viendra ... '(51)

$$({}'\Delta^m_\xi fx - {}'\Delta^m_\zeta fx) = {}'A(m)_1 \cdot \varphi\xi + {}'A(m)_2 \cdot (\varphi\xi)^2 + {}'A(m)_3 \cdot (\varphi\xi)^3 + {}'A(m)_4 \cdot (\varphi\xi)^4 + \text{etc., etc.};$$

en faisant généralement ... '(50)

$$'A(m)_\mu = \frac{1}{d^\mu(\varphi\xi)^\mu}\cdot\Big\{ d\xi^\mu.(M_\mu - N_\mu).'H(m)_\mu$$
$$- d\xi^{\mu-1}.(M_{\mu-1} - N_{\mu-1}).'H(m)_{\mu-1}$$
$$+ d\xi^{\mu-2}.(M_{\mu-2} - N_{\mu-2}).'H(m)_{\mu-2}$$
$$- \text{etc., etc.}\Big\},$$

et de plus ... $'(49)$

$$'H(m)_\rho = (m)^{1|1}.\aleph[N_1]^{\rho-1}.\left(\frac{\Delta^{m-1}}{m,1}\right)\left(\frac{d^\rho f(x+m\zeta)}{dx^\rho}\right)$$
$$+ (m-1)^{2|1}.\aleph[N_2]^{\rho-2}.\left(\frac{\Delta^{m-2}}{m,1}\right)\left(\frac{d^\rho f(x+m\zeta)}{dx^\rho}\right)$$
$$+ (m-2)^{3|1}.\aleph[N_3]^{\rho-3}.\left(\frac{\Delta^{m-3}}{m,1}\right)\left(\frac{d^\rho f(x+m\zeta)}{dx^\rho}\right)$$
$$\cdots\cdots\cdots\cdots\cdots\cdots$$
$$+ (m-\rho+1)^{\rho|1}.\aleph[N_\rho]^0.\left(\frac{\Delta^{m-\rho}}{m,1}\right)\left(\frac{d^\rho f(x+m\zeta)}{dx^\rho}\right),$$

le signe $\left(\frac{\Delta}{m,1}\right)$ dénotant toujours les différences prises, suivant la voie régressive, par rapport à l'accroissement 1 de la variable m. Il est clair qu'après les différentiations, il faut encore ici, dans les expressions $'(50)$ des coefficiens $'A(m)_1$, $'A(m)_2$, $'A(m)_3$, etc., donner à ξ la valeur ζ.

Telles (51) et $'(51)$ sont donc les expressions des différences $(\overset{m}{\Delta}_\xi fx - \overset{m}{\Delta}_\zeta fx)$ et $('\overset{m}{\Delta}_\xi fx - '\overset{m}{\Delta}_\zeta fx)$, développées par rapport aux puissances d'une fonction arbitraire $\varphi\xi$, mais telle que la relation $\varphi\xi = 0$ donne $\xi = \zeta$. Et, pour satisfaire arbitrairement à cette dernière condition, nous donnerons à cette fonction $\varphi\xi$ la forme $(\psi\xi - \psi\zeta)$, dans laquelle ψ désigne une fonction quelconque ; et nous aurons définitivement

$$(52) \ldots\ldots (\Delta^{m}_{\xi} fx - \Delta^{m}_{\zeta} fx) = A(m)_1 \cdot (\psi\xi - \psi\zeta) + A(m)_2 \cdot (\psi\xi - \psi\zeta)^2 + A(m)_3 \cdot (\psi\xi - \psi\zeta)^3 + \text{etc., etc.};$$

$$'(52) \ldots\ldots ('\Delta^{m}_{\xi} fx - '\Delta^{m}_{\zeta} fx) = 'A(m)_1 \cdot (\psi\xi - \psi\zeta) + 'A(m)_2 \cdot (\psi\xi - \psi\zeta)^2 + 'A(m)_3 \cdot (\psi\xi - \psi\zeta)^3 + \text{etc., etc.};$$

les coefficiens $A(m)_\mu$ et $'A(m)_\mu$ étant toujours ceux qui sont donnés par les expressions (50) et '(50), pourvu qu'on y substitue la fonction $(\psi\xi - \psi\zeta)$ à la place de la fonction $\varphi\xi$.

Connaissant ainsi, par les expressions précédentes, les différences régressives $(\Delta^{m}_{\xi} fx - \Delta^{m}_{\zeta} fx)$ et les différences progressives $('\Delta^{m}_{\xi} fx - {}'\Delta^{m}_{\zeta} fx)$, on pourra, par les formules (39) et (44), calculer les termes $P_1, P_2, P_3, \ldots P_\omega$ et $Q_1, Q_2, Q_3, \ldots Q_\omega$ composant les deux expressions (47) de la quantité cherchée X ou de la différence des valeurs $f(x'+q)$ et $f(x'+p)$ de la fonction fx dont il est question. — Mais il se présente une remarque essentielle; et c'est là proprement ce qui fixe la nature de la méthode d'approximation qui est l'objet de cette Note : voici cette remarque. — Les expressions (52) et '(52) des différences régressives et progressives dont nous venons de parler, forment de véritables séries procédant par rapport aux puissances de la fonction arbitraire $(\psi\xi - \psi\zeta)$. Or, si l'on prend ces séries dans leur totalité, les différences $(\Delta^{m}_{\xi} fx - \Delta^{m}_{\zeta} fx)$ et $('\Delta^{m}_{\xi} fx - {}'\Delta^{m}_{\zeta} fx)$ se trouveront données rigoureusement; de sorte que les termes P et Q qui entrent dans les expressions (47) de la quantité demandée X, se trouveront de même donnés rigoureusement. Ainsi, quel que soit le nombre ω des termes $P_1, P_2, P_3, \ldots P_\omega$ et $Q_1, Q_2, Q_3, \ldots Q_\omega$, et quel que soit en même tems le nombre arbitraire μ qui entre dans les expressions (41) et (45) de ces termes P et Q, la quantité cherchée X se trouverait, de cette manière, donnée rigoureusement. Ce serait donc alors une véritable GÉNÉRATION TECHNIQUE de cette quantité X, et non une simple MÉTHODE D'APPROXIMATION, c'est-à-dire, une méthode pour arriver de plus en plus près de la valeur de cette quantité : en effet, l'ensemble de la génération de la quantité X en question, se trouverait alors donné par une seule loi, savoir, par la loi (50) ou '(50) des coefficiens A des séries dont il s'agit. — Mais, si dans les séries (52) et '(52) formant la génération technique des différences $(\Delta^{m}_{\xi} fx - \Delta^{m}_{\zeta} fx)$ et $('\Delta^{m}_{\xi} fx - '\Delta^{m}_{\zeta} fx)$, on ne prend que quelques uns des premiers termes de ces séries, ces différences se trouveront données inexactement; de sorte que les termes P et Q, calculés avec ces différences inexactes et composant les expressions (47) de la quantité X, et par conséquent cette quantité X elle-même, seront également inexacts. Cependant, comme on peut augmenter à volonté le nombre ω des termes $P_1, P_2, \ldots P_\omega$ et $Q_1, Q_2, \ldots Q_\omega$, on peut rendre de plus en plus petite la différence des quantités ξ et ζ dont dépendent les différences (52) et '(52), et la fonction $(\psi\xi - \psi\zeta)$ par rapport à laquelle procède le développement de ces différences; et puisque, dans le cas où ω est un nombre indéfiniment grand, la fonction $(\psi\xi - \psi\zeta)$ devient une quantité indéfiniment petite, et qu'alors on peut rigoureusement, dans les séries (52) et '(52), négliger tous les termes par rapport aux premiers, on voit qu'en augmentant de plus en plus le nombre ω des termes P et Q, on peut s'approcher à volonté de la valeur exacte ou rigoureuse de la quantité X en question. — C'est donc là la vraie nature de la méthode d'approximation ou de la méthode algorithmique d'exhaustion que nous cherchons; et l'on voit que cette nature répond au caractère distinctif de cette méthode, tel que nous l'avons fixé dans le second des Mémoires précédens, et rappelé au commencement de cette Note, savoir, que les accroissemens des quantités X_1, X_2, X_3, etc. calculées avec différens nombres ω_1, ω_2, ω_3, etc. des termes $P_1, P_2, P_3, \ldots P_\omega$ et $Q_1, Q_2, Q_3, \ldots Q_\omega$, pour arriver à la quantité demandée X, ne sont liés par aucune loi.

Ayant ainsi fixé la nature de la méthode que nous cherchons, et connaissant de plus tous les élémens qui la composent, il ne reste plus aucune difficulté pour achever la construction de cette méthode. — Nous allons d'abord, pour entrer en matière, présenter les résultats de cette construction dans le cas le plus particulier, celui où l'on ne prend que le premier terme des séries respectives (52) et '(52): voici ces résultats.

En négligeant tous les termes qui suivent le premier dans les séries (52) et '(52), on aura . . . (53)

$$(\Delta^m_\xi fx - \Delta^m_\zeta fx) = A(m)_1 \cdot (\psi\xi - \psi\zeta),$$

$$({}'\Delta^m_\xi fx - {}'\Delta^m_\zeta fx) = {}'A(m)_1 \cdot (\psi\xi - \psi\zeta);$$

les coefficiens $A(m)_1$ et $'A(m)_1$, en vertu des expressions (50) et '(50), étant simplement . . . (53)'

$$A(m)_1 = (-1)^{m+1} \cdot \frac{d\zeta}{d\psi\zeta} \cdot (M_1 - N_1) \cdot H(m)_1$$

$$'A(m)_1 = + \frac{d\zeta}{d\psi\zeta} \cdot (M_1 - N_1) \cdot {}'H(m)_1 .$$

Et puisque, d'une part, tout le système des quantités M et N données par les formules (6) de la *Réfutation*, se trouve zéro lorsque $\mu = 1$, à l'exception de la seule quantité M_μ qui est toujours $= 1$, et que, de l'autre part, les fonctions alephs qui ont des exposans négatifs, sont aussi zéro, les expressions précédentes (53)' se réduisent à

$$\mathcal{A}(m)_1 = (-1)^{m+1} \cdot \frac{m.d\zeta}{d\psi\zeta} \cdot \left(\frac{\Delta^{m-1}}{m, 1}\right) \left(\frac{df(x-m\zeta)}{dx}\right)$$

$$'\mathcal{A}(m)_1 = + \frac{m.d\zeta}{d\psi\zeta} \cdot \left(\frac{\Delta^{m-1}}{m, 1}\right) \left(\frac{df(x+m\zeta)}{dx}\right).$$

Ainsi, substituant ces valeurs dans (53), on aura définitivement . . . (53)''

$$(\Delta_\xi^m fx - \Delta_\zeta^m fx) = (\psi\xi - \psi\zeta)(-1)^{m+1} \times$$
$$\times\, m . \frac{d\zeta}{d\psi\zeta} \cdot \left(\frac{\Delta^{m-1}}{m, 1}\right) \left(\frac{df(x-m\zeta)}{dx}\right)$$

$$('\Delta_\xi^m fx - '\Delta_\zeta^m fx) = (\psi\xi - \psi\zeta) \times$$
$$\times\, m . \frac{d\zeta}{d\psi\zeta} \cdot \left(\frac{\Delta^{m-1}}{m, 1}\right) \left(\frac{df(x+m\zeta)}{dx}\right).$$

Donc, en revenant aux expressions (39) et (44) des quantités P et Q formant les termes des expressions (47) de la quantité demandée X, et en y substituant les valeurs précédentes (53)'', on obtiendra . . . (54)

$$P = -\mu(\psi\xi - \psi\zeta) \cdot \frac{d\zeta}{d\psi\zeta} \cdot \left\{ \left(\frac{\Delta^{\mu-1}}{\mu, 1}\right) \left(\frac{df(x-\mu\zeta)}{dx}\right) \right.$$
$$+ \left(\frac{\Delta^{\mu-2}}{\mu, 1}\right) \left(\frac{df(x-(\mu-1)\zeta)}{dx}\right) \cdot \frac{\mu-1}{1}$$
$$+ \left(\frac{\Delta^{\mu-3}}{\mu, 1}\right) \left(\frac{df(x-(\mu-2)\zeta)}{dx}\right) \cdot \frac{(\mu-1)(\mu-2)}{1.2}$$
$$\left. + \text{ etc., etc.} \right\},$$

$$Q = +\mu(\psi\xi - \psi\zeta) \cdot \frac{d\zeta}{d\psi\zeta} \cdot \left\{ \left(\frac{\Delta^{\mu-1}}{\mu, 1}\right) \left(\frac{df(x+\mu\zeta)}{dx}\right) \right.$$
$$+ \left(\frac{\Delta^{\mu-2}}{\mu, 1}\right) \left(\frac{df(x+(\mu-1)\zeta)}{dx}\right) \cdot \frac{\mu-1}{1}$$

$$+\left(\frac{\Delta^{\mu-3}}{\mu,1}\right)\left(\frac{df(x+(\mu-2)\zeta)}{dx}\right).\frac{(\mu-1)(\mu-2)}{1.2}$$

$$+\text{ etc., etc.}\Big\},$$

μ étant le nombre arbitraire dont dépend la réduction de la différence $\frac{1}{u}(q-p)$ qui se trouve entre les deux quantités extrêmes ζ_1 et ξ_ω de la suite croissante (40) des quantités ξ_1, ξ_2, ξ_3, etc. et ζ_1, ζ_2, ζ_3, etc. Mais, quel que soit le nombre μ, on a toujours, pour une fonction quelconque $F\mu$, la relation d'identité ... (55)

$$F(\mu)=\left(\frac{\Delta^{\mu-1}}{\mu,1}\right)F(\mu)+\frac{\mu-1}{1}.\left(\frac{\Delta^{\mu-2}}{\mu,1}\right)F(\mu-1)+$$

$$+\frac{(\mu-1)(\mu-2)}{1.2}.\left(\frac{\Delta^{\mu-3}}{\mu,1}\right)F(\mu-2)+\frac{(\mu-1)(\mu-2)(\mu-3)}{1.2.3}.\left(\frac{\Delta^{\mu-4}}{\mu,1}\right)F(\mu-3)$$

$$+\text{ etc., etc.};$$

comme on peut s'en assurer facilement en développant ces différences par rapport aux fonctions $F(\mu)$, $F(\mu-1)$, $F(\mu-2)$, etc., savoir, en les développant sous la forme

$$\left(\frac{\Delta^{\mu-1-\nu}}{\mu,1}\right)F(\mu-\nu)=A_0^{(\nu)}.F(\mu)+A_1^{(\nu)}.F(\mu-1)+A_2^{(\nu)}.F(\mu-2)$$

$$+A_3^{(\nu)}.F(\mu-3)+\text{ etc.};$$

car, si l'on fait

$$B_0=A_0^{(0)}+\frac{\mu-1}{1}.A_0^{(1)}+\frac{(\mu-1)(\mu-2)}{1.2}.A_0^{(2)}+\text{ etc.}$$

$$B_1=A_1^{(0)}+\frac{\mu-1}{1}.A_1^{(1)}+\frac{(\mu-1)(\mu-2)}{1.2}.A_1^{(2)}+\text{ etc.}$$

$$B_2=A_2^{(0)}+\frac{\mu-1}{1}.A_2^{(1)}+\frac{(\mu-1)(\mu-2)}{1.2}.A_2^{(2)}+\text{ etc.}$$

$$B_3=A_3^{(0)}+\frac{\mu-1}{1}.A_3^{(1)}+\frac{(\mu-1)(\mu-2)}{1.2}.A_3^{(2)}+\text{ etc.}$$

etc., etc.,

on trouvera, pour une somme quelconque B_ρ de ces coefficiens, la valeur

$$B_\rho = \frac{(\mu-1)^{\rho|-1}}{1^{\rho|-1}} \cdot \left\{ 1 - \frac{\rho}{1} + \frac{\rho(\rho-1)}{1.2} - \frac{\rho(\rho-1)(\rho-2)}{1.2.3} + \text{etc.} \right\} =$$

$$= \frac{(\mu-1)^{\rho|-1}}{1^{\rho|-1}} \cdot (1-1)^\rho,$$

qui est toujours zéro à l'exception du cas correspondant à $\rho = 0$ où elle est $= 1$. Ainsi, les expressions (54) se réduisent définiment à la forme très simple . . . (54)'

$$P = -\mu \cdot (\psi\xi - \psi\zeta) \cdot \frac{d\zeta}{d\psi\zeta} \cdot \left(\frac{df(x-\mu\zeta)}{dx}\right)$$

$$Q = +\mu \cdot (\psi\xi - \psi\zeta) \cdot \frac{d\zeta}{d\psi\zeta} \cdot \left(\frac{df(x+\mu\zeta)}{dx}\right).$$

Si l'on prend donc, entre les quantités $\frac{p}{\mu}$ et $\frac{q}{\mu}$, la suite croissante (40) des quantités $\zeta_1, \zeta_2, \zeta_3, \ldots \zeta_\omega$ et $\xi_1, \xi_2, \xi_3, \ldots \xi_\omega$, en y établissant les relations (40)', savoir,

$$\xi_1 = \zeta_2, \quad \xi_2 = \zeta_3, \quad \xi_3 = \zeta_4, \quad \ldots \xi_{\omega-1} = \zeta_\omega,$$

de sorte qu'on ait $\zeta_1 = \frac{p}{\mu}$ et $\xi_\omega = \frac{q}{\mu}$; et si, avec chaque couple de ces quantités, tels que ξ_1 et ζ_1, ξ_2 et ζ_2, ξ_3 et ζ_3, etc., on calcule, par le moyen des formules précédentes (54)', les quantités correspondantes P_1, P_2, P_3, etc. et Q_1, Q_2, Q_3, etc.; et enfin, si dans les quantités P et Q calculées ainsi, on met respectivement $(x'+p+q)$ et x' à la place de x, pour former les quantités P'_1, P'_2, etc. et Q'_1, Q'_2, etc. qui entrent dans les expressions (47) de la quantité cherchée X; ces expressions (47) donneront respectivement, la première . . . (56)

$$X = f(x'+q) - f(x'+p) =$$

$$= \mu \cdot \left\{ \left(\psi\xi_1 - \psi\left(\frac{p}{\mu}\right)\right) \cdot \frac{d\zeta_1}{d\psi\zeta_1} \cdot \left(\frac{df(x'+q)}{dx}\right) + \right.$$

$$+ (\psi\xi_2 - \psi\xi_1) \cdot \frac{d\zeta_2}{d\psi\zeta_2} \cdot \left(\frac{df(x' + q + p - \mu\xi_1)}{dx}\right)$$

$$+ (\psi\xi_3 - \psi\xi_2) \cdot \frac{d\zeta_3}{d\psi\zeta_3} \cdot \left(\frac{df(x' + q + p - \mu\xi_2)}{dx}\right)$$

. . . .

$$+ \left(\psi\left(\tfrac{q}{\mu}\right) - \psi\xi_{\omega-1}\right) \cdot \frac{d\zeta_\omega}{d\psi\zeta_\omega} \cdot \left(\frac{df(x' + q + p - \mu\xi_{\omega-1})}{dx}\right) \Big\}$$

et la seconde . . . '(56)

$$X = f(x' + q) - f(x' + p) =$$

$$= \mu \cdot \Big\{ \left(\psi\xi_1 - \psi\left(\tfrac{p}{\mu}\right)\right) \cdot \frac{d\zeta_1}{d\psi\zeta_1} \cdot \left(\frac{df(x' + p)}{dx}\right)$$

$$+ (\psi\xi_2 - \psi\xi_1) \cdot \frac{d\zeta_2}{d\psi\zeta_2} \cdot \left(\frac{df(x' + \mu\xi_1)}{dx}\right)$$

$$+ (\psi\xi_3 - \psi\xi_2) \cdot \frac{d\zeta_3}{d\psi\zeta_3} \cdot \left(\frac{df(x' + \mu\xi_2)}{dx}\right)$$

. . . .

$$+ \left(\psi\left(\tfrac{q}{\mu}\right) - \psi\xi_{\omega-1}\right) \cdot \frac{d\zeta_\omega}{d\psi\zeta_\omega} \cdot \left(\frac{df(x' + \mu\xi_{\omega-1})}{dx}\right) \Big\}.$$

Tel est donc le cas le plus particulier de la méthode algorithmique d'exhaustion que nous avons présentée. — On construira de la même manière les autres cas de cette méthode, en prenant successivement les deux premiers, les trois premiers, les quatre premiers, etc. termes des séries (52) et '(52) qui, comme on l'a vu, contiennent les lois du système entier de ces méthodes. Il faut ici observer que ces autres cas de la méthode dont il s'agit, sont généralement préférables à celui que nous venons de construire sous les marques (56) et '(56), sur-tout lorsque la différence des quantités p et q est considérable; car, dans ces autres cas, on peut établir de plus grandes différences entre les quantités croissantes ζ_1, ξ_1, ξ_2, ... ξ_ω, ce qui en diminuera le nombre : on peut même alors établir ces différences, savoir, $(\xi_1-\zeta_1)$, $(\xi_2-\xi_1)$, $(\xi_3-\xi_2)$, ... $(\xi_\omega-\xi_{\omega-1})$, plus grandes que l'unité, pourvu qu'on prenne, pour la fonction arbitraire $\psi\xi$, une fonction telle que les quantités $(\psi\xi_1-\psi\zeta_1)$, $(\psi\xi_2-\psi\xi_1)$, $(\psi\xi_3-\psi\xi_2)$, ... $(\psi\xi_\omega-\psi\xi_{\omega-1})$, soient plus petites que l'unité ; ce qui est toujours très facile à faire. — Voici ces constructions ultérieures.

En conservant maintenant les deux premiers termes dans les séries (52) et '(52), et négligeant tous les autres, on aura ... (57)

$$(\Delta_\xi^m fx-\Delta_\zeta^m fx)=A(m)_1.(\psi\xi-\psi\zeta)+A(m)_2.(\psi\xi-\psi\zeta)^2$$
$$('\Delta_\xi^m fx-'\Delta_\zeta^m fx)='A(m)_1.(\psi\xi-\psi\zeta)+'A(m)_2.(\psi\xi-\psi\zeta)^2.$$

Mais, comme nous connaissons déjà les résultats du premier terme de ces séries, il suffira ici de rechercher ceux du second terme, en négligeant la considération de ce premier terme que, pour abréger, nous marquerons généralement par $[m]$. Nous aurons donc ... (57)'

$$(\Delta_\xi^m fx-\Delta_\zeta^m fx)=[m]+A(m)_2.(\psi\xi-\psi\zeta)^2$$
$$('\Delta_\xi^m fx-'\Delta_\zeta^m fx)='[m]+'A(m)_2.(\psi\xi-\psi\zeta)^2.$$

Or, les expressions (50) et '(50) donnent, pour les coefficiens $A(m)_2$ et $'A(m)_2$, les valeurs ... (58)

$$A(m)_2=(-1)^m.\{\Xi_2.H(m)_2+\Xi_1.H(m)_1\}$$
$$'A(m)_2=+\{\Xi_2.'H(m)_2-\Xi_1.'H(m)_1\},$$

en faisant pour abréger ... (58)'

$$\Xi_2=\frac{d\zeta^2}{2.(d\psi\zeta)^2}.(M_2-N_2)=\frac{d\zeta^2}{2.(d\psi\zeta)^2}$$
$$\Xi_1=\frac{d\zeta}{2.(d\psi\zeta)^2}.(M_1-N_1)=\frac{d\zeta.d^2\psi\zeta}{2.(d\psi\zeta)^3}.$$

Ainsi, substituant les valeurs (58) dans (57)', il viendra ... (57)''

$$\Delta^m_\xi fx - \Delta^m_\zeta fx = [m] + (\psi\xi - \psi\zeta)^2 . (-1)^m \times$$
$$\times \left\{ \Xi_2 . H(m)_2 + \Xi_1 . H(m)_1 \right\}$$

$$'\Delta^m_\xi fx - '\Delta^m_\zeta fx = '[m] + (\psi\xi - \psi\zeta)^2 \times$$
$$\times \left\{ \Xi_2 . 'H(m)_2 - \Xi_1 . H(m)_1 \right\}.$$

Donc, en revenant aux expressions (39) et (44) des quantités P et Q, et en y substituant les valeurs précédentes (57)'', on obtiendra ... (59)

$$P = - \mu(\psi\xi - \psi\zeta) . \frac{d\zeta}{d\psi\zeta} . \left(\frac{df(x - \mu\zeta)}{dx}\right) + (\psi\xi - \psi\zeta)^2 \times$$
$$\times \left\{ \left(\Xi_2 . H(\mu)_2 + \Xi_1 . H(\mu)_1 \right) \right.$$
$$+ \left(\Xi_2 . H(\mu - 1)_2 + \Xi_1 . H(\mu - 1)_1 \right) . \frac{\mu}{1}$$
$$+ \left(\Xi_2 . H(\mu - 2)_2 + \Xi_1 . H(\mu - 2)_1 \right) . \frac{\mu(\mu - 1)}{1 . 2}$$
$$\left. + \text{ etc., etc.} \right\}$$

$$Q = + \mu(\psi\xi - \psi\zeta) . \frac{d\zeta}{d\psi\zeta} . \left(\frac{df(x + \mu\zeta)}{dx}\right) + (\psi\xi - \psi\zeta)^2 \times$$
$$\times \left\{ \left(\Xi_2 . 'H(\mu)_2 - \Xi_1 . 'H(\mu)_1 \right) \right.$$
$$+ \left(\Xi_2 . 'H(\mu - 1)_2 - \Xi_1 . 'H(\mu - 1)_1 \right) . \frac{\mu}{1}$$
$$+ \left(\Xi_2 . 'H(\mu - 2)_2 - \Xi_1 . 'H(\mu - 2)_1 \right) . \frac{\mu(\mu - 1)}{1 . 2}$$
$$\left. + \text{ etc., etc.} \right\};$$

en remettant les résultats que nous avons trouvés plus haut sous la marque (54) pour l'influence des premiers termes $[\mu]$, $[\mu - 1]$, $[\mu - 2]$, etc. et $'[\mu]$, $'[\mu - 1]$, $'[\mu - 2]$, etc.

Actuellement, si l'on observe que les expressions (49) et '(49) donnent

$$H(m)_1 = m.\left(\frac{\Delta^{m-1}}{m,\,1}\right)\left(\frac{df(x-m\zeta)}{dx}\right)$$

$$H(m)_2 = m.\left\{\left(\frac{\Delta^{m-1}}{m,\,1}\right)\left(\frac{d^2f(x-m\zeta)}{dx^2}\right) + (m-1).\left(\frac{\Delta^{m-2}}{m,\,1}\right)\left(\frac{d^2f(x-m\zeta)}{dx^2}\right)\right\}$$

$$'H(m)_1 = m.\left(\frac{\Delta^{m-1}}{m,\,1}\right)\left(\frac{df(x+m\zeta)}{dx}\right)$$

$$'H(m)_2 = m.\left\{\left(\frac{\Delta^{m-1}}{m,\,1}\right)\left(\frac{d^2f(x+m\zeta)}{dx^2}\right) + (m-1).\left(\frac{\Delta^{m-2}}{m,\,1}\right)\left(\frac{d^2f(x+m\zeta)}{dx^2}\right)\right\};$$

on verra que les expressions précédentes (59) contiennent respectivement les quantités

$$\text{(A)} \ldots \mu\Xi_2.\left\{\left(\frac{\Delta^{\mu-1}}{\mu,\,1}\right)\left(\frac{d^2f(x\mp\mu\zeta)}{dx^2}\right) + \frac{\mu-1}{1}.\left(\frac{\Delta^{\mu-2}}{\mu,\,1}\right)\left(\frac{d^2f(x\mp(\mu-1)\zeta)}{dx^2}\right)\right.$$
$$\left. + \frac{(\mu-1)(\mu-2)}{1.2}.\left(\frac{\Delta^{\mu-3}}{\mu,\,1}\right)\left(\frac{d^2f(x\mp(\mu-2)\zeta)}{dx^2}\right) + \text{etc., etc.}\right\}$$

$$\text{(B)} \ldots \mu(\mu-1)\Xi_2.\left\{\left(\frac{\Delta^{\mu-2}}{\mu,\,1}\right)\left(\frac{d^2f(x\mp\mu\zeta)}{dx^2}\right) + \frac{\mu-2}{1}.\left(\frac{\Delta^{\mu-3}}{\mu,\,1}\right)\left(\frac{d^2f(x\mp(\mu-1)\zeta)}{dx^2}\right)\right.$$
$$\left. + \frac{(\mu-2)(\mu-3)}{1.2}.\left(\frac{\Delta^{\mu-4}}{\mu,\,1}\right)\left(\frac{d^2f(x\mp(\mu-2)\zeta)}{dx^2}\right) + \text{etc., etc.}\right\}$$

$$\text{(C)} \ldots \mu\Xi_1.\left\{\left(\frac{\Delta^{\mu-1}}{\mu,\,1}\right)\left(\frac{df(x\mp\mu\zeta)}{dx}\right) + \frac{\mu-1}{1}.\left(\frac{\Delta^{\mu-2}}{\mu,\,1}\right)\left(\frac{df(x\mp(\mu-1)\zeta)}{dx}\right)\right.$$
$$\left. + \frac{(\mu-1)(\mu-2)}{1.2}.\left(\frac{\Delta^{\mu-3}}{\mu,\,1}\right)\left(\frac{df(x\mp(\mu-2)\zeta)}{dx}\right) + \text{etc., etc.}\right\},$$

en prenant, parmi les deux signes $\mp$, le signe supérieur $-$ pour la première des deux expressions (59), et le signe inférieur $+$ pour la seconde de ces expressions. Mais, en vertu de la formule (55), ces trois quantités se réduisent respectivement aux trois fonctions suivantes

$$(A) \ldots\ldots \mu\Xi_2 . \left(\frac{d^2 f(x \mp \mu\zeta)}{dx^2}\right)$$

$$(B) \ldots\ldots \mu(\mu-1)\Xi_2 . \left(\frac{d^2 f(x \mp \mu\zeta)}{dx^2}\right)$$

$$(C) \ldots\ldots \mu\Xi_1 . \left(\frac{d f(x \mp \mu\zeta)}{dx}\right).$$

Ainsi, substituant ces fonctions dans les expressions (59), et remettant les valeurs (58)′ de Ξ_2 et Ξ_1, nous aurons définitivement ... (59)′

$$P = -(\psi\xi - \psi\zeta).\left\{\mu.\frac{d\zeta}{d\psi\zeta}.\left(\frac{df(x-\mu\zeta)}{dx}\right)\right\}$$
$$+\frac{1}{2}(\psi\xi-\psi\zeta)^2.\left\{\mu^2.\frac{d\zeta^2}{(d\psi\zeta)^2}.\left(\frac{d^2f(x-\mu\zeta)}{dx^2}\right)+\mu.\frac{d\zeta.d^2\psi\zeta}{(d\psi\zeta)^3}.\left(\frac{df(x-\mu\zeta)}{dx}\right)\right\}$$

$$Q = +(\psi\xi - \psi\zeta).\left\{\mu.\frac{d\zeta}{d\psi\zeta}.\left(\frac{df(x+\mu\zeta)}{dx}\right)\right\}$$
$$+\frac{1}{2}(\psi\xi-\psi\zeta)^2.\left\{\mu^2.\frac{d\zeta^2}{(d\psi\zeta)^2}.\left(\frac{d^2f(x+\mu\zeta)}{dx^2}\right)-\mu.\frac{d\zeta.d^2\psi\zeta}{(d\psi\zeta)^3}.\left(\frac{df(x+\mu\zeta)}{dx}\right)\right\}.$$

Si l'on prend donc, comme plus haut, entre les quantités $\frac{p}{\mu}$ et $\frac{q}{\mu}$, la suite croissante (40) des quantités ζ_1, ζ_2, ζ_3, etc. et ξ_1, ξ_2, ξ_3, etc., en y établissant toujours la relation (40)′, de sorte qu'on ait $\zeta_1 = \frac{p}{\mu}$ et $\xi_\omega = \frac{q}{\mu}$; et si, avec chaque couple de ces quantités, tels que ξ_1 et ζ_1, ξ_2 et ζ_2, ξ_3 et ζ_3, etc., on calcule, par le moyen des formules précédentes (59)′, les quantités correspondantes P_1, P_2, P_3, etc. et Q_1, Q_2, Q_3, etc.; et enfin si, dans les quantités P et Q calculées ainsi, on met respectivement $(x' + p + q)$ et x' à la place de x, pour former les quantités P'_1, P'_2, P'_3, etc. et Q'_1, Q'_2, Q'_3, etc. qui composent les expressions (47) de la quantité cherchée X; ces expressions (47) donneront respectivement, la première ... (60)

$$
\begin{aligned}
X = f(x'+q) - f(x'+p) = \\
= \left(\psi\xi_1 - \psi\left(\tfrac{p}{\mu}\right)\right).E(1)_1 &+ \left(\psi\xi_1 - \psi\left(\tfrac{p}{\mu}\right)\right)^2.E(2)_1 \\
+ (\psi\xi_2 - \psi\xi_1).E(1)_2 &+ (\psi\xi_2 - \psi\xi_1)^2.E(2)_2 \\
+ (\psi\xi_3 - \psi\xi_2).E(1)_3 &+ (\psi\xi_3 - \psi\xi_2)^2.E(2)_3 \\
\cdots\cdots\cdots\cdots\cdots \\
+ (\psi\xi_{\omega-1} - \psi\xi_{\omega-2}).E(1)_{\omega-1} &+ (\psi\xi_{\omega-1} - \psi\xi_{\omega-2})^2.E(2)_{\omega-1} \\
+ \left(\psi\left(\tfrac{q}{\mu}\right) - \psi\xi_{\omega-1}\right).E(1)_\omega &+ \left(\psi\left(\tfrac{q}{\mu}\right) - \psi\xi_{\omega-1}\right)^2.E(2)_\omega;
\end{aligned}
$$

en faisant généralement ... (61)

$$
E(1)_\nu = +\mu.\frac{d\zeta_\nu}{d\psi\zeta_\nu}.\left(\frac{df(x'+q+p-\mu\zeta_\nu)}{dx}\right)
$$

$$
\begin{aligned}
E(2)_\nu = &-\frac{1}{2}\mu^2.\left(\frac{d\zeta_\nu}{d\psi\zeta_\nu}\right)^2.\left(\frac{d^2f(x'+q+p-\mu\zeta_\nu)}{dx^2}\right) \\
&-\frac{1}{2}\mu.\frac{d\zeta_\nu.d^2\psi\zeta_\nu}{(d\psi\zeta_\nu)^3}.\left(\frac{df(x'+q+p-\mu\zeta_\nu)}{dx}\right),
\end{aligned}
$$

ν étant un indice quelconque, depuis $\nu = 1$ jusqu'à $\nu = \omega$ inclusivement. Et la seconde des expressions (47) donnera ... '(60)

$$
\begin{aligned}
X = f(x'+q) - f(x'+p) = \\
= \left(\psi\xi_1 - \psi\left(\tfrac{p}{\mu}\right)\right).'E(1)_1 &+ \left(\psi\xi_1 - \psi\left(\tfrac{p}{\mu}\right)\right)^2.'E(2)_1 \\
+ (\psi\xi_2 - \psi\xi_1).'E(1)_2 &+ (\psi\xi_2 - \psi\xi_1)^2.'E(2)_2 \\
+ (\psi\xi_3 - \psi\xi_2).'E(1)_3 &+ (\psi\xi_3 - \psi\xi_2)^2.'E(2)_3 \\
\cdots\cdots\cdots\cdots\cdots \\
+ (\psi\xi_{\omega-1} - \psi\xi_{\omega-2}).'E(1)_{\omega-1} &+ (\psi\xi_{\omega-1} - \psi\xi_{\omega-2})^2.'E(2)_{\omega-1} \\
+ \left(\psi\left(\tfrac{q}{\mu}\right) - \psi\xi_{\omega-1}\right).'E(1)_\omega &+ \left(\psi\left(\tfrac{q}{\mu}\right) - \psi\xi_{\omega-1}\right)^2.'E(2)_\omega;
\end{aligned}
$$

en faisant encore généralement... '(61)

$$'E(1)_\nu = \mu \cdot \frac{d\zeta_\nu}{d\psi\zeta_\nu} \cdot \left(\frac{df(x' + \mu\zeta_\nu)}{dx}\right)$$

$$'E(2)_\nu = \frac{1}{2}\mu^2 \cdot \left(\frac{d\zeta_\nu}{d\psi\zeta_\nu}\right)^2 \cdot \left(\frac{d^2f(x' + \mu\zeta_\nu)}{dx^2}\right)$$

$$- \frac{1}{2}\mu \cdot \frac{d\zeta_\nu \cdot d^2\psi\zeta_\nu}{(d\psi\zeta_\nu)^3} \cdot \left(\frac{df(x' + \mu\zeta_\nu)}{dx}\right),$$

ν étant toujours un indice quelconque, depuis $\nu = 1$ jusqu'à $\nu = \omega$ inclusivement.

Telles (60) et '(60) sont donc les expressions des procédés que, pour la détermination de la quantité cherchée X, prescrit la méthode d'exhaustion dont il s'agit, lorsque, dans les limites de cette détermination, on veut faire entrer les quantités du second ordre de grandeur, savoir, les quantités $(\psi\xi_\nu - \psi\xi_{\nu-1})^2$, ou bien, lorsqu'on veut employer la première et la seconde puissances de la mesure d'exhaustion $(\psi\xi_\nu - \psi\xi_{\nu-1})$, c'est-à-dire, les deux premiers termes des développemens des différences $(\overset{m}{\Delta}_\xi fx - \overset{m}{\Delta}_\zeta fx)$ et $('\overset{m}{\Delta}_\xi fx - '\overset{m}{\Delta}_\zeta fx)$ qui constituent les élémens principaux de la détermination en question.

On voit facilement qu'en procédant de la même manière, on obtiendra la détermination de la quantité cherchée X, en employant trois, quatre, cinq, etc. termes des séries (52) et '(52) donnant les développemens des différences $(\overset{m}{\Delta}_\xi fx - \overset{m}{\Delta}_\zeta fx)$ et $('\overset{m}{\Delta}_\xi fx - '\overset{m}{\Delta}_\zeta fx)$. — Sans reproduire ici les détails, nous nous bornerons à présenter les résultats généraux que, de cette manière, notre méthode d'exhaustion fournit pour l'évaluation d'une quantité X, lorsque, dans les limites de cette évaluation, on veut faire entrer les quantités de l'ordre n de grandeur, c'est-à-dire, lorsqu'on veut employer généralement les n premiers termes des séries (52) et '(52).

Désignons par ζ_ν l'une quelconque de la suite croissante des quantités $\zeta_1, \zeta_2, \zeta_3$, etc., comme nous l'avons déjà fait dans les expressions générales précédentes (61) et '(61) ; et, substituant à la place de ξ la quantité générale ζ_ν dans les fonctions M_μ, $M_{\mu-1}$, $M_{\mu-2}$, etc. et N_μ, $N_{\mu-1}$, $N_{\mu-2}$, etc. qui entrent dans les expressions (50) et '(50) des coefficiens $A(m)_\mu$ et $'A(m)_\mu$ des séries (51) et '(51), après y avoir donné d'ailleurs à la fonction arbitraire $\varphi\xi$ la forme $(\psi\xi - \psi\zeta)$, désignons par $M_\mu^{(\nu)}$, $M_{\mu-1}^{(\nu)}$, $M_{\mu-2}^{(\nu)}$, etc. et $N_\mu^{(\nu)}$, $N_{\mu-1}^{(\nu)}$, $N_{\mu-2}^{(\nu)}$, etc. cette détermination des fonctions M et N dont il s'agit. Avec ces quantités ainsi déterminées généralement, formons la suite des fonctions ... (62)

$$\Xi(\mu)_\mu^{(\nu)} = \frac{d\zeta_\nu^\mu}{1^{\mu|1}.(d\psi\zeta_\nu)^\mu}.(M_\mu^{(\nu)} - N_\mu^{(\nu)})$$

$$\Xi(\mu)_{\mu-1}^{(\nu)} = \frac{d\zeta_\nu^{\mu-1}}{1^{\mu|1}.(d\psi\zeta_\nu)^\mu}.(M_{\mu-1}^{(\nu)} - N_{\mu-1}^{(\nu)})$$

$$\Xi(\mu)_{\mu-2}^{(\nu)} = \frac{d\zeta_\nu^{\mu-2}}{1^{\mu|1}.(d\psi\zeta_\nu)^\mu}.(M_{\mu-2}^{(\nu)} - N_{\mu-2}^{(\nu)})$$

$$\Xi(\mu)_{\mu-3}^{(\nu)} = \frac{d\zeta_\nu^{\mu-3}}{1^{\mu|1}.(d\psi\zeta_\nu)^\mu}.(M_{\mu-3}^{(\nu)} - N_{\mu-3}^{(\nu)})$$

etc., etc.

Et, avec ces dernières quantités, formons, pour un nombre quelconque ϖ, les deux fonctions générales .... (62)'

$$(-1)^{\varpi-1}.E(\varpi)_\nu = \mu^\varpi.\Xi(\varpi)_\varpi^{(\nu)}.\left(\frac{d^\varpi f(x'+q+p-\mu\zeta_\nu)}{dx^\varpi}\right)$$
$$+ \mu^{\varpi-1}.\Xi(\varpi)_{\varpi-1}^{(\nu)}.\left(\frac{d^{\varpi-1} f(x'+q+p-\mu\zeta_\nu)}{dx^{\varpi-1}}\right)$$

$$+ \mu^{\varpi-2} . \Xi(\varpi)^{(\nu)}_{\varpi-2} . \left(\frac{d^{\varpi-2} f(x'+q+p-\mu\zeta_\nu)}{dx^{\varpi-2}}\right)$$

. . . .

$$+ \mu . \Xi(\varpi)^{(\nu)}_1 . \left(\frac{df(x'+q+p-\mu\zeta_\nu)}{dx}\right),$$

$$'E(\varpi)_\nu = \mu^{\varpi} . \Xi(\varpi)^{(\nu)}_{\varpi} . \left(\frac{d^{\varpi} f(x'+\mu\zeta_\nu)}{dx^{\varpi}}\right)$$

$$(-1) . \mu^{\varpi-1} . \Xi(\varpi)^{(\nu)}_{\varpi-1} . \left(\frac{d^{\varpi-1} f(x'+\mu\zeta_\nu)}{dx^{\varpi-1}}\right)$$

$$(-1)^2 . \mu^{\varpi-2} . \Xi(\varpi)^{(\nu)}_{\varpi-2} . \left(\frac{d^{\varpi-2} f(x'+\mu\zeta_\nu)}{dx^{\varpi-2}}\right)$$

. . . .

$$(-1)^{\varpi-1} . \mu . \Xi(\varpi)^{(\nu)}_1 . \left(\frac{df(x'+\mu\zeta_\nu)}{dx}\right);$$

μ étant ici la quantité qui entre dans les expressions (39) et (44) des quantités P et Q. Or, si l'on fait . . . (62)''

$$\psi\xi_1 - \psi\left(\frac{p}{\mu}\right) = \Omega_1$$

$$\psi\xi_2 - \psi\xi_1 = \Omega_2$$

$$\psi\xi_3 - \psi\xi_2 = \Omega_3$$

. . . .

$$\psi\xi_{\omega-1} - \psi\xi_{\omega-2} = \Omega_{\omega-1}$$

$$\psi\left(\frac{q}{\mu}\right) - \psi\xi_{\omega-1} = \Omega_{\omega},$$

les formules (47) donneront généralement, la première l'expression . . . (63)

$$X = f(x'+q) - f(x'+p) =$$

$$\begin{aligned}
&= \Omega_1 . E(1)_1 + \Omega_1^2 . E(2)_1 + \Omega_1^3 . E(3)_1 \ldots + \Omega_1^n . E(n)_1 \\
&+ \Omega_2 . E(1)_2 + \Omega_2^2 . E(2)_2 + \Omega_2^3 . E(3)_2 \ldots + \Omega_2^n . E(n)_2 \\
&+ \Omega_3 . E(1)_3 + \Omega_3^2 . E(2)_3 + \Omega_3^3 . E(3)_3 \ldots + \Omega_3^n . E(n)_3 \\
&\ldots\ldots\ldots\ldots\ldots\ldots\ldots\ldots \\
&+ \Omega_\omega . E(1)_\omega + \Omega_\omega^2 . E(2)_\omega + \Omega_\omega^3 . E(3)_\omega \ldots + \Omega_\omega^n . E(n)_\omega ;
\end{aligned}$$

et la seconde l'expression ... '(63)

$$X = f(x'+q) - f(x'+p) =$$

$$\begin{aligned}
&= \Omega_1 . 'E(1)_1 + \Omega_1^2 . 'E(2)_1 + \Omega_1^3 . 'E(3)_1 \ldots + \Omega_1^n . 'E(n)_1 \\
&+ \Omega_2 . 'E(1)_2 + \Omega_2^2 . 'E(2)_2 + \Omega_2^3 . 'E(3)_2 \ldots + \Omega_2^n . 'E(n)_2 \\
&+ \Omega_3 . 'E(1)_3 + \Omega_3^2 . 'E(2)_3 + \Omega_3^3 . 'E(3)_3 \ldots + \Omega_3^n . 'E(n)_3 \\
&\ldots\ldots\ldots\ldots\ldots\ldots\ldots\ldots \\
&+ \Omega_\omega . 'E(1)_\omega + \Omega_\omega^2 . 'E(2)_\omega + \Omega_\omega^3 . 'E(3)_\omega \ldots + \Omega_\omega^n . 'E(n)_\omega ;
\end{aligned}$$

n étant évidemment l'ordre de grandeur des quantités Ω, qu'on veut faire entrer dans la détermination de la quantité cherchée X. — Et, telle est définitivement, dans sa plus grande généralité, la MÉTHODE ALGORITHMIQUE D'EXHAUSTION qui est l'objet de cette Note. — On en déduira facilement les deux cas particuliers correspondans à $n = 1$ et à $n = 2$, que nous avons trouvés plus haut sous les marques (56), '(56), et (60), '(60); en n'admettant successivement que le premier et le second ordre de grandeur des quantités Ω.

Si, dans le cas le plus particulier (56) et '(56), on fait la fonction arbitraire $\psi\xi$ simplement ξ, on aura $d\psi\xi = d\xi$; et si l'on y fait de plus $\mu = 1$, parceque cette quantité arbitraire n'est alors d'aucune influence; les expressions (56) et '(56) présenteront le cas le plus particulier et en même temps le plus simple de la méthode dont il est question; savoir, l'expression (56) deviendra... (64)

$$X = f(x'+q) - f(x'+p) =$$
$$= (\xi_1 - p) \cdot \left(\frac{df(x'+q)}{dx}\right)$$
$$+ (\xi_2 - \xi_1) \cdot \left(\frac{df(x'+q+p-\xi_1)}{dx}\right)$$
$$+ (\xi_3 - \xi_2) \cdot \left(\frac{df(x'+q+p-\xi_2)}{dx}\right)$$
$$\cdots\cdots\cdots\cdots$$
$$+ (q - \xi_{\omega-1}) \cdot \left(\frac{df(x'+q+p-\xi_{\omega-1})}{dx}\right);$$

et l'expression '(56) deviendra ... '(64)

$$X = f(x'+q) - f(x+p) =$$
$$= (\xi_1 - p) \cdot \left(\frac{df(x'+p)}{dx}\right)$$
$$+ (\xi_2 - \xi_1) \cdot \left(\frac{df(x'+\xi_1)}{dx}\right)$$
$$+ (\xi_3 - \xi_2) \cdot \left(\frac{df(x'+\xi_2)}{dx}\right)$$
$$\cdots\cdots\cdots\cdots$$
$$+ (q - \xi_{\omega-1}) \cdot \left(\frac{df(x'+\xi_{\omega-1})}{dx}\right).$$

Mais il faut alors que les différences $(\xi_1 - p)$, $(\xi_2 - \xi_1)$, $(\xi_3 - \xi_2)$, ... $(q - \xi_{\omega-1})$ soient toutes plus petites que l'unité. — Il faut encore remarquer que, dans les expressions élémentaires (41) et (45), et par conséquent dans les deux expressions précédentes générales (63) et '(63), les quantités ξ_1, ξ_2, ξ_3, ... $\xi_{\omega-1}$ ne sont pas nécessairement identiques. On peut donc, pour fixer mieux les limites de la quantité X, qui se trouvent données par les deux formules (47), établir, parmi les quantités $\xi_1, \xi_2, \xi_3, \ldots \xi_{\omega-1}$ qui entrent respectivement dans ces formules, telles relations qu'on juge convenables. Par exemple, dans les deux dernières expressions (64) et '(64), si l'on distingue par $\xi'_1, \xi'_2, \xi'_3, \ldots \xi'_\omega$ les quantités ξ_1, ξ_2, etc. qui entrent dans la première (64) de ces expressions, et si l'on établit, entre ces quantités et les quantités $\xi_1, \xi_2, \xi_3, \ldots \xi_\omega$ de la seconde '(64) de ces expressions, les relations . . . (65)

$$\begin{aligned}
\xi'_1 - p &= \xi_\omega - \xi_{\omega-1} = q - \xi_{\omega-1} \\
\xi'_2 - \xi'_1 &= \xi_{\omega-1} - \xi_{\omega-2} \\
\xi'_3 - \xi'_2 &= \xi_{\omega-2} - \xi_{\omega-3} \\
&\ldots\ldots\ldots\ldots \\
\xi'_\omega - \xi'_{\omega-1} &= \xi_1 - p,
\end{aligned}$$

qui donnent . . . (65)'

$$\begin{aligned}
\xi'_1 &= p + q - \xi_{\omega-1} \\
\xi'_2 &= \xi'_1 + \xi_{\omega-1} - \xi_{\omega-2} = p + q - \xi_{\omega-2} \\
\xi'_3 &= \xi'_2 + \xi_{\omega-2} - \xi_{\omega-3} = p + q - \xi_{\omega-3} \\
&\ldots\ldots\ldots\ldots\ldots\ldots \\
\xi'_{\omega-1} &= \xi'_{\omega-2} + \xi_2 - \xi_1 = p + q - \xi_1;
\end{aligned}$$

l'expression (64), en y renversant d'ailleurs l'ordre des termes, deviendra . . . (64)'

$$\begin{aligned}
X = f(x'+q) - f(x'+p) &= \\
&= (\xi_1 - p) \cdot \left(\frac{df(x'+\xi_1)}{dx}\right) \\
&+ (\xi_2 - \xi_1) \cdot \left(\frac{df(x'+\xi_2)}{dx}\right) \\
&+ (\xi_3 - \xi_2) \cdot \left(\frac{df(x'+\xi_3)}{dx}\right) \\
&\ldots\ldots\ldots\ldots \\
&+ (q - \xi_{\omega-1}) \cdot \left(\frac{df(x'+q)}{dx}\right).
\end{aligned}$$

Dans ce cas, on aurait, pour les deux limites de la quantité demandée X, les deux expressions $'(64)$ et $(64)'$; et ce sont là les expressions que, dans son Calcul intégral (*vol. I, sect. I, cap. VII; Methodus generalis integralia quæcunque proxime inveniendi*), Euler a présentées pour évaluer par approximation l'intégrale définie d'une fonction fx donnée. On voit maintenant quelle est la vraie origine algorithmique (*) de cette méthode d'Euler; et on voit, de plus, qu'elle n'est qu'un très petit fragment du système entier des différens procédés constituant la méthode algorithmique d'exhaustion que nous venons de présenter.

Enfin, pour ce qui concerne la nature des limites que forment, pour la quantité demandée X, les deux expressions (63) et $'(63)$ de cette quantité, il faut, pour reconnaître ces limites, examiner, dans les séries (52) et $'(52)$, les termes qu'on a négligés. Nous abandonnons ces recherches aux géomètres qui, suivant la marche précédente, pourront maintenant construire facilement les différens procédés algorithmiques d'exhaustion, de plus en plus exacts, en prenant, pour la fonction arbitraire $\varphi\xi$ ou $\psi\xi$, diverses fonctions déterminées; et, quant à la connaissance de la nature des limites que, dans ces cas, forment les deux expressions définitives (63) et $'(63)$, il suffira, comme nous venons de le dire, d'examiner, dans le concours des séries (52) et $'(52)$, l'influence de ceux des termes qu'on a négligés. Cependant, dans les deux dernières expressions $'(64)$ et $(64)'$, on voit immédiatement que, lorsque la dérivée différentielle

---

(*) Nous disons la vraie origine *algorithmique*, parcequ'il existe, en outre, une origine supérieure, c'est-à-dire, l'origine *philosophique* de cette méthode d'exhaustion. Nous ferons connaître cette dernière dans une autre occasion, où nous présenterons, en même tems, une génération algorithmique tout-à-fait nouvelle qui est, en quelque sorte, le pole opposé par rapport à la méthode d'exhaustion dont il s'agit ici.

$\left(\frac{dfx}{dx}\right)$ est telle que, depuis $x=(x'+p)$ jusqu'à $x=(x'+q)$, elle croît ou décroît constamment, les deux limites $'(64)$ et $(64)'$ sont toujours l'une plus petite et l'autre plus grande que la quantité demandée X. On voit également que, dans ce dernier cas, si l'on considère la fonction fx comme la surface d'une courbe, et par conséquent la dérivée différentielle $\left(\frac{dfx}{dx}\right)$ comme l'ordonnée rectangulaire de cette courbe, les différens termes composant l'une des expressions $'(64)$ et $(64)'$, seront les surfaces des rectangles élémentaires inscrits dans la courbe, et les différens termes composant l'autre de ces deux expressions, seront les surfaces des rectangles élémentaires circonscrits à cette courbe; de sorte que les deux expressions $'(64)$ et $(64)'$ sont analogiquement, pour la quantité cherchée X, ce que, dans la méthode d'exhaustion des anciens, étaient les polygones inscrits et les polygones circonscrits par rapport à la courbe cherchée. On voit même que les principes de cette méthode géométrique d'exhaustion des anciens, ramenés à la considération purement algorithmique, se trouvent nécessairement dans la méthode algorithmique d'exhaustion que nous venons d'exposer.

En terminant ici cette exposition, nous devons faire remarquer que nous avons suivi la voie THÉORIQUE pour la construction de cette nouvelle méthode d'exhaustion; et cela nommément en ramenant la détermination des quantités P et Q ou les fonctions (41) et (45), d'abord aux différences $(\Delta_{\xi}^{m}fx - \Delta_{\zeta}^{m}fx)$ et $({}'\Delta_{\xi}^{m}fx - {}'\Delta_{\zeta}^{m}fx)$ de la fonction fx en question, ainsi que cela est fait dans les expressions (39) et (44), pour arriver ensuite et définitivement, par le moyen de ces différences, aux différentielles mêmes de la fonction fx. En effet, de cette manière, les quantités P et Q, ou les fonctions $f(x-\mu\xi) - f(x-\mu\zeta)$ et $f(x+\mu\xi) - f(x+\mu\zeta)$, se trouvent d'abord ramenées aux ÉLÉMENS SECONDAIRES de la génération de la fonction fx, qui sont les DIFFÉRENCES de cette fonction, et ensuite, par le moyen de celles-ci, aux ELÉMENS PRIMAIRES de cette génération, qui sont les DIFFÉRENTIELLES mêmes de la fonction fx, auxquelles effectivement nous désirions arriver en dernier lieu ; et c'est là évidemment la voie théorique de la génération de la quantité X dont il s'agit. Mais, si au lieu d'approfondir la théorie même de la méthode qui est l'objet de cette première Note, nous ne voulions avoir que les formules (63) et '(63) qui en présentent la construction, nous pourrions y arriver beaucoup plus brièvement par la voie TECHNIQUE, en développant immédiatement, sous la forme de séries, les fonctions $f(x-\mu\xi)-f(x-\mu\zeta)$ et $f(x+\mu\xi)-f(x+\mu\zeta)$. — Voici ce procédé.

En supposant toujours, comme plus haut, que la fonction arbitraire $\varphi\xi$ est telle que la relation $\varphi\xi=0$ donne $\xi=\zeta$, développons, par le moyen de notre loi générale des séries, les fonctions $f(x-\mu\xi)$ et $f(x+\mu\xi)$ par rapport aux puissances de la fonction $\varphi\xi$, c'est-à-dire, sous la forme ... (66)

$$f(x-\mu\xi)=A_0+A_1.\varphi\xi+A_2.(\varphi\xi)^2+A_3.(\varphi\xi)^3+\text{etc.}$$
$$f(x+\mu\xi)='A_0+'A_1.\varphi\xi+'A_2.(\varphi\xi)^2+'A_3.(\varphi\xi)^3+\text{etc.}$$

Nous trouverons d'abord, pour les coefficiens A_0 et $'A_0$, les valeurs

$$A_0=f(x-\mu\zeta),\quad \text{et}\quad 'A_0=f(x+\mu\zeta);$$

de sorte que nous aurons immédiatement ... (66)'

$$P=f(x-\mu\xi)-f(x-\mu\zeta)=$$
$$=A_1.\varphi\xi+A_2.(\varphi\xi)^2+A_3.(\varphi\xi)^3+\text{etc.}$$
$$Q=f(x+\mu\xi)-f(x+\mu\zeta)=$$
$$='A_1.\varphi\xi+'A_2.(\varphi\xi)^2+'A_3.(\varphi\xi)^3+\text{etc.}$$

Quant aux autres coefficiens A_1, A_2, A_3, etc. et $'A_1$, $'A_2$, $'A_3$, etc., nous trouverons, pour leurs valeurs, les expressions générales suivantes ... (66)''

$$(-1)^{\varpi}\cdot A_{\varpi} = \mu^{\varpi}\cdot \Xi(\varpi)_{\varpi}\cdot\left(\frac{d^{\varpi}f(x-\mu\zeta)}{dx^{\varpi}}\right)$$

$$+\ \mu^{\varpi-1}\cdot\Xi(\varpi)_{\varpi-1}\cdot\left(\frac{d^{\varpi-1}f(x-\mu\zeta)}{dx^{\varpi-1}}\right)$$

$$+\ \mu^{\varpi-2}\cdot\Xi(\varpi)_{\varpi-2}\cdot\left(\frac{d^{\varpi-2}f(x-\mu\zeta)}{dx^{\varpi-2}}\right)$$

. . . .

$$+\ \mu\cdot\Xi(\varpi)_{1}\cdot\left(\frac{df(x-\mu\zeta)}{dx}\right)$$

$$'A_{\varpi} = \mu^{\varpi}\cdot\Xi(\varpi)_{\varpi}\cdot\left(\frac{d^{\varpi}f(x+\mu\zeta)}{dx^{\varpi}}\right)$$

$$(-1)\cdot\mu^{\varpi-1}\cdot\Xi(\varpi)_{\varpi-1}\cdot\left(\frac{d^{\varpi-1}f(x+\mu\zeta)}{dx^{\varpi-1}}\right)$$

$$(-1)^{2}\cdot\mu^{\varpi-2}\cdot\Xi(\varpi)_{\varpi-2}\cdot\left(\frac{d^{\varpi-2}f(x+\mu\zeta)}{dx^{\varpi-2}}\right)$$

. . . .

$$(-1)^{\varpi-1}\cdot\mu\cdot\Xi(\varpi)_{1}\cdot\left(\frac{df(x+\mu\zeta)}{dx}\right);$$

ϖ étant un indice quelconque, et les quantités Ξ formant, à l'instar des quantités (62), les fonctions ... (66)'''

$$\Xi(\varpi)_{\varpi} = \frac{d\zeta^{\varpi}}{1^{\varpi|1}\cdot(d\varphi\zeta)^{\varpi}}\cdot(M_{\varpi} - N_{\varpi})$$

$$\Xi(\varpi)_{\varpi-1} = \frac{d\zeta^{\varpi-1}}{1^{\varpi|1}\cdot(d\varphi\zeta)^{\varpi}}\cdot(M_{\varpi-1} - N_{\varpi-1})$$

$$\Xi(\varpi)_{\varpi-2} = \frac{d\zeta^{\varpi-2}}{1^{\varpi|1}\cdot(d\varphi\zeta)^{\varpi}}\cdot(M_{\varpi-2} - N_{\varpi-2})$$

etc., etc.,

dans lesquelles les quantités M_{ϖ}, $M_{\varpi-1}$, $M_{\varpi-2}$, etc. et N_{ϖ}, $N_{\varpi-1}$, $N_{\varpi-2}$, etc. correspondent aux quantités M_{μ}, $M_{\mu-1}$, $M_{\mu-2}$, etc. et N_{μ}, $N_{\mu-1}$, $N_{\mu-2}$, données par les formules (6) de la *Réfutation de Lagrange*, ou proprement par les formules (6)′ de l'*Errata* annexé au présent ouvrage, en y substituant, à la place des différences des facultés φx, $(\varphi x)^{2|\xi}$, $(\varphi x)^{3|\xi}$, etc., les différentielles des puissances $\varphi\xi$, $(\varphi\xi)^2$, $(\varphi\xi)^3$, etc., et en observant d'ailleurs de mettre ζ à la place de ξ après avoir pris les différentielles par rapport à cette dernière quantité.

Or, suivant les expressions générales (66)′ des fonctions P et Q, si l'on forme d'abord les quantités particulières P_1, P_2, P_3, ... P_{ω} et Q_1, Q_2, Q_3, ... Q_{ω} d'après les déterminations (41) et (45), et ensuite les quantités plus particulières encore P'_1, P'_2, P'_3, ... P'_{ω} et Q'_1, Q'_2, Q'_3, ... Q'_{ω} en y donnant respectivement à la quantité générale x les valeurs déterminées $(x' + p + q)$ et x', on verra que, si de plus on donne à la fonction arbitraire générale $\varphi\xi$ la forme $(\psi\xi - \psi\zeta)$, les expressions (66)″ des coefficiens A_{ϖ} et $'A_{\varpi}$ seront identiques avec les expressions (62)′ des coefficiens $E(\varpi)_{\nu}$ et $'E(\varpi)_{\nu}$; de sorte que si l'on ne prend que les n premiers termes des séries (66)′ et si, avec les quantités P'_1, P'_2, P'_3, etc. et Q'_1, Q'_2, Q'_3, etc. ainsi déterminées, on construit, par le moyen des expressions (47), la quantité demandée X, on obtiendra immédiatement, pour cette quantité, les deux expressions générales (63) et '(63) que nous avons trouvées par la voie théorique. — Revenons actuellement à cette première voie ou considération.

Nous avons déjà remarqué plus haut quelle est la différence de l'emploi des séries (52) et '(52) dans les deux cas où l'on prend tous les termes de ces séries et où l'on ne prend que quelques uns de leurs premiers termes : nous avons vu que, dans le premier cas, celui où l'on prend tous les termes des séries (52) et '(52), on obtient une véritable MÉTHODE TECHNIQUE, en ce que, dans ce cas, l'ensemble de la génération de la quantité X se trouve donné, quel que soit le nombre ω des quantités auxiliaires $\xi_1, \xi_2, \xi_3, \ldots \xi_\omega$ et $\zeta_1, \zeta_2, \zeta_3, \ldots \zeta_\omega$; et que, dans le cas où l'on ne prend que quelques uns des premiers termes des séries (52) et '(52), comme nous venons de le faire dans le procédé ci-dessus, on n'obtient qu'une MÉTHODE D'APPROXIMATION, dont le vrai caractère consiste en ce que les accroissemens des différentes quantités X calculées avec différens nombres ω des quantités auxiliaires ξ_1, ξ_2, ξ_3, etc. et $\zeta_1, \zeta_2, \zeta_3$, etc., ne se trouvent soumis à aucune loi. Or, pour ce qui concerne la dernière de ces méthodes, savoir, la méthode d'approximation ou la méthode algorithmique d'exhaustion, elle se trouve, ce nous semble, développée suffisamment par ce que nous venons de dire dans cette Note; et, pour ce qui concerne la première de ces méthodes, savoir, la véritable méthode technique, elle ne présente aucune difficulté, car les séries (52) et '(52) la donnent immédiatement. Cependant, pour joindre ici un exemple de cette méthode technique, nous terminerons ces recherches en déduisant, de nos formules, le cas particulier et le plus simple de cette méthode.

En supposant que l'exposant m des différences données par les séries (52) et '(52) soit simplement l'unité, et que la fonction $\psi\xi$ qui entre dans ces séries soit simplement ξ, ces séries deviendront

$$(\Delta_\xi fx - \Delta_\zeta fx) = A(1)_1 . (\xi - \zeta) + A(1)_2 . (\xi - \zeta)^2 + \\ + A(1)_3 . (\xi - \zeta)^3 + \text{etc.}$$

$$('\Delta_\xi fx - '\Delta_\zeta fx) = 'A(1)_1 . (\xi - \zeta) + 'A(1)_2 . (\xi - \zeta)^2 + \\ + 'A(1)_3 . (\xi - \zeta)^3 + \text{etc.},$$

les coefficiens $A(1)_\mu$ et $'A(1)_\mu$, en vertu des expressions (50) et '(50), étant alors

$$A(1)_\mu = \frac{(-1)^{\mu+1}}{1^{\mu|1}} \cdot \left(\frac{d^\mu f(x-\zeta)}{dx^\mu}\right)$$

$$'A(1)_\mu = \frac{1}{1^{\mu|1}} \cdot \left(\frac{d^\mu f(x+\zeta)}{dx^\mu}\right).$$

Donc, en substituant ces valeurs, il viendra

$$\begin{aligned}(\Delta_\xi fx - \Delta_\zeta fx) = {} & \frac{1}{1}\cdot(\xi-\zeta)\cdot\left(\frac{df(x-\zeta)}{dx}\right) \\ & - \frac{1}{1.2}\cdot(\xi-\zeta)^2\cdot\left(\frac{d^2f(x-\zeta)}{dx^2}\right) \\ & + \frac{1}{1.2.3}\cdot(\xi-\zeta)^3\cdot\left(\frac{d^3f(x-\zeta)}{dx^3}\right) \\ & - \text{etc., etc.}\end{aligned}$$

$$\begin{aligned}('\Delta_\xi fx - '\Delta_\zeta fx) = {} & \frac{1}{1}\cdot(\xi-\zeta)\cdot\left(\frac{df(x+\zeta)}{dx}\right) \\ & + \frac{1}{1.2}\cdot(\xi-\zeta)^2\cdot\left(\frac{d^2f(x+\zeta)}{dx^2}\right) \\ & + \frac{1}{1.2.3}\cdot(\xi-\zeta)^3\cdot\left(\frac{d^3f(x+\zeta)}{dx^3}\right) \\ & + \text{etc., etc.}\end{aligned}$$

Si l'on prend maintenant, entre les quantités p et q, la suite croissante (40) des quantités $\xi_1, \xi_2, \xi_3, \ldots \xi_\omega$ et $\zeta_1, \zeta_2, \zeta_3, \ldots \zeta_\omega$, en y établissant toujours la relation (40)', savoir,

$$\zeta_2 = \xi_1, \quad \zeta_3 = \xi_2, \quad \zeta_4 = \xi_3, \quad \ldots \zeta_\omega = \xi_{\omega-1},$$

de sorte qu'on ait $\zeta_1 = p$ et $\xi_\omega = q$; et si l'on suppose ici que cette suite de quantités forme une progression arithmétique, telle que

$$\xi_1 - \zeta_1 = \xi_2 - \xi_1 = \xi_3 - \xi_2 = \ldots = \xi_\omega - \xi_{\omega-1} = \alpha;$$

et enfin si, faisant $\mu = 1$ dans les formules (39), (41), et (44), (45), on calcule les quantités $P'_1, P'_2, P'_3, \ldots P'_\omega$ et $Q'_1, Q'_2, Q'_3, \ldots Q'_\omega$ qui entrent dans les expressions (47) de la quantité cherchée X; ces expressions (47) donneront ici respectivement, la première ... (67)

$$X = f(x'+q) - f(x'+p) =$$

$$= \frac{\alpha}{1} \cdot \left\{ Y_0^{(1)} + Y_1^{(1)} + Y_2^{(1)} + Y_3^{(1)} \ldots + Y_{\omega-1}^{(1)} \right\}$$

$$- \frac{\alpha^2}{1 \cdot 2} \cdot \left\{ Y_0^{(2)} + Y_1^{(2)} + Y_2^{(2)} + Y_3^{(2)} \ldots + Y_{\omega-1}^{(2)} \right\}$$

$$+ \frac{\alpha^3}{1 \cdot 2 \cdot 3} \cdot \left\{ Y_0^{(3)} + Y_1^{(3)} + Y_2^{(3)} + Y_3^{(3)} \ldots + Y_{\omega-1}^{(3)} \right\}$$

$$- \text{etc., etc.};$$

et la seconde ... '(67)

$$X = f(x'+q) - f(x'+p) =$$

$$= \frac{\alpha}{1} \cdot \left\{ Z_0^{(1)} + Z_1^{(1)} + Z_2^{(1)} + Z_3^{(1)} \ldots + Z_{\omega-1}^{(1)} \right\}$$

$$+ \frac{\alpha^2}{1 \cdot 2} \cdot \left\{ Z_0^{(2)} + Z_1^{(2)} + Z_2^{(2)} + Z_3^{(2)} \ldots + Z_{\omega-1}^{(2)} \right\}$$

$$+ \frac{\alpha^3}{1 \cdot 2 \cdot 3} \cdot \left\{ Z_0^{(3)} + Z_1^{(3)} + Z_2^{(3)} + Z_3^{(3)} \ldots + Z_{\omega-1}^{(3)} \right\}$$

$$+ \text{etc., etc.};$$

en faisant, pour un exposant quelconque ϖ, particulièrement

$$Y_0^{(\varpi)} = \left(\frac{d^{\varpi} f(x'+q)}{dx^{\varpi}} \right)$$

$$Z_0^{(\varpi)} = \left(\frac{d^{\varpi} f(x'+p)}{dx^{\varpi}} \right),$$

et généralement

$$Y_\mu^{(\varpi)} = \left(\frac{d^{\varpi} f(x'+q+p-\xi_\mu)}{dx^{\varpi}} \right)$$

$$Z_\mu^{(\varpi)} = \left(\frac{d^{\varpi} f(x'+\xi_\mu)}{dx^{\varpi}} \right),$$

μ étant un indice quelconque depuis l'unité inclusivement.

Enfin, si l'on introduit, entre les quantités ξ_1, ξ_2, ξ_3, etc. les relations (65), la premiere (67) de ces expressions deviendra . . . . (67)'

$$X = f(x'+q) - f(x'+p) =$$

$$= \frac{\alpha}{1} \cdot \left\{ Z_1^{(1)} + Z_2^{(1)} + Z_3^{(1)} \ldots + Z_{\omega-1}^{(1)} + Z_\omega^{(1)} \right\}$$

$$- \frac{\alpha^2}{1 \cdot 2} \cdot \left\{ Z_1^{(2)} + Z_2^{(2)} + Z_3^{(2)} \ldots + Z_{\omega-1}^{(2)} + Z_\omega^{(2)} \right\}$$

$$+ \frac{\alpha^3}{1 \cdot 2 \cdot 3} \cdot \left\{ Z_1^{(3)} + Z_2^{(3)} + Z_3^{(3)} \ldots + Z_{\omega-1}^{(3)} + Z_\omega^{(3)} \right\}$$

$$- \text{etc., etc.}$$

Tel est donc le cas le plus particulier et le plus simple de la méthode technique que présentent les séries (52) et '(52); mais il faut, dans ce cas, que α soit plus petite que l'unité. — C'est aussi le cas le plus particulier qu'a donné Euler à l'occasion de son cas particulier de la méthode algorithmique d'exhaustion, dont nous avons parlé plus haut: on peut, encore ici, apprécier la vraie origine de ce cas particulier d'Euler, et l'on voit que ce n'est aussi qu'un petit fragment de l'ensemble des procédés techniques que présentent les séries (52) et '(52).

Il faut remarquer que les expressions précédentes (67) et '(67) peuvent être déduites immédiatement des formules (63) et '(63), en y prenant le nombre de termes n indéfiniment grand, et en y introduisant les déterminations particulières convenables; et, même généralement, il faut remarquer que, lorsque, dans les formules (63) et '(63), on prend le nombre de termes n indéfiniment grand, ces formules donnent immédiatement et dans sa plus grande généralité, non seulement la simple méthode d'approximation qui est l'objet de cette Note, mais la méthode technique elle-même dont nous venons de parler.

En terminant cette première Note, nous devons observer que la méthode d'exhaustion dont il y est question, peut être appliquée indistinctement à la solution de tous les problèmes de l'Algorithmie, à l'exception seulement de ceux de la Théorie des Nombres. En effet, cette méthode n'exige que la connaissance des différentielles de la fonction cherchée; et, comme on le sait, dans tous les problèmes que nous venons de nommer, ces différentielles, formant proprement les élémens de la génération de la fonction, sont données. Il est vrai que cette méthode ne se trouve applicable immédiatement qu'aux fonctions d'une seule variable; mais, en observant que les fonctions à plusieurs variables indépendantes peuvent toujours être traitées à la manière des fonctions d'une seule variable, moyennant que l'on considère ces différentes variables indépendantes comme étant des fonctions indéterminées d'une seule de ces quantités, on verra qu'on pourra toujours ramener les problèmes impliquant plusieurs variables à la considération d'une seule variable, et par conséquent qu'on pourra toujours appliquer, à la solution de ces problèmes, la méthode d'exhaustion dont il s'agit.

Nous montrerons en détail ces applications lorsque nous nous occuperons séparément de la Philosophie des différentes branches de l'Algorithmie. — Mais, pour en indiquer ici au moins les traits principaux, hors du cas direct de l'évaluation des intégrales, nous allons faire voir rapidement l'application de la méthode dont il est question, à la résolution des équations numériques. — Soit ... (68)

$$o = A_0 + A_1y + A_2y^2 + A_3y^3 \ldots + A_my^m$$

une équation numérique du degré m. L'inconnue y de cette équation est évidemment fonction des coefficiens A_0, A_1, A_2, ... A_m que l'on doit considérer comme autant de variables indépendantes. Or, on peut facilement ramener ces différentes variables à la considération d'une seule, par le moyen suivant. Partageons les termes de la fonction d'équation

$$A_0 + A_1 y + A_2 y^2 + A_3 y^3 \ldots + A_m y^m$$

en deux parties quelconques que nous désignerons généralement par P et Q, de sorte qu'on ait d'abord

$$o = P + Q;$$

et introduisons une variable auxiliaire x comme facteur de P, de sorte qu'on ait auxiliairement . . . (68)'

$$o = xP + Q.$$

Alors, l'inconnue y pourra être considérée comme fonction de cette variable x; et, si l'on connaissait cette fonction, on aurait, en y faisant $x = 1$, la valeur de l'inconnue y de l'équation proposée (68). Mais l'équation auxiliaire (68)' donne, d'une part, les différentielles de y prises par rapport à la variable x, et de l'autre part, la valeur de y lorsque $x = o$, car on peut toujours prendre Q de manière que l'équation $Q = o$ soit résoluble. Donc, avec ces données, on pourra visiblement, par le moyen de la méthode d'exhaustion dont il est question, en y faisant $x' = o$, et de plus $p = o$ et $q = 1$, arriver à la connaissance de l'inconnue y de l'équation proposée (68). Car, si l'on désigne par fx la fonction de x que donne pour y l'équation auxiliaire (68)', la méthode d'exhaustion fera connaître la valeur de $f(x' + q) - f(x' + p)$, c'est-à-dire, la valeur de $f(1) - f(o)$; de sorte que, connaissant la valeur de $f(o)$, c'est-à-dire, la quantité y que donne l'équation $Q = o$, on parviendra, par le moyen des valeurs intermédiaires, à la valeur de $f(1)$ qui est la quantité cherchée.

Nous ne prétendons nullement proposer cette méthode pour la résolution des équations numériques (*) : nous avons seulement

(*) Bientôt nous ferons connaître le système complet de toutes les méthodes possibles

voulu alléguer un exemple de l'application générale dont est susceptible la MÉTHODE ALGORITHMIQUE D'EXHAUSTION qui est l'objet de cette Note, et qui, déduite à priori dans le second Mémoire, se trouve ici exposée uniquement pour compléter la science. Nous observerons cependant que l'application que nous venons d'indiquer, présente le premier procédé général que la science ait eu, jusqu'à ce jour, pour arriver directement aux racines d'une équation, sans aucune connaissance préalable, ni sans aucun tâtonnement. Et, nous observerons surtout que si l'on emploie la nouvelle méthode d'exhaustion dans toute sa généralité, telle qu'elle se trouve donnée sous la marque (63) et '(63), on peut, en choisissant convenablement la mesure algorithmique dénotée ici par $(\psi\xi - \psi\zeta)$, arriver avec assez de rapidité à la solution des divers problèmes de l'Algorithmie. Mais, c'est essentiellement à l'évaluation des intégrales que cette méthode d'exhaustion peut être appliquée avec une utilité supérieure; comme l'a déjà fait Euler à l'endroit cité plus haut, en ne se servant même que du cas le plus particulier '(67) et (67)' de cette méthode, lequel seul lui était connu.

SECONDE NOTE.

Sur la Génération primitive des Différentielles.

AYANT prouvé, dans le troisième des Mémoires précédens, que les différences idéales ou les différentielles sont des fonctions algorith-

pour la résolution des équations numériques, et même le système complet des méthodes possibles pour la résolution numérique de toutes les autres questions de l'Algorithmie, à l'exception de la seule Théorie des Nombres. — C'est ce système de méthodes qui est l'objet de la Technie de l'Algorithmie.

miques indépendantes et même absolues, nous avons conclu qu'elles doivent avoir des lois propres pour leur génération. Nous avons ainsi retrouvé, par une simple déduction algorithmique, une nécessité de génération que, dans notre Philosophie des Mathématiques, nous avions déjà établie par des déductions purement philosophiques. Nous nous trouvons ainsi ramenés aux principes de la Philosophie des Mathématiques; et, par conséquent, c'est cette Philosophie que nous devons interroger sur la LOI FONDAMENTALE de la génération des différences idéales ou des différentielles.

Or, la Philosophie des Mathématiques nous apprend (pages 36 et suiv.) que la loi fondamentale de toute la Théorie des différences, se trouve être la loi de la génération des différences prises sur une fonction de la reproduction (de la multiplication), savoir, sur une fonction $(Fx \times fx)$, dans laquelle Fx et fx sont des fonctions quelconques de la variable x; et nommément que c'est la loi présentée sous la marque (c) ou, dans sa transformation, sous la marque $(c)'$ (page 58). C'est donc de cette loi fondamentale (*) que la science doit définiti-

(*) A propos de cette loi fondamentale de la Théorie des différences, nous devons redresser une inexactitude historique qui s'est glissée dans la *Conclusion* de notre Philosophie des Mathématiques, où, parlant de cette loi des différences (page 258), nous disons « qu'elle n'était pas connue ». — C'est une inadvertance; car, cette loi, considérée purement comme formule algorithmique, a été découverte par Taylor (*Philosophical Transactions*, ann. 1717, n°. 353). — Nous renonçons volontiers à la priorité de la découverte de cette formule algorithmique; mais, ce qui est l'essentiel, nous revendiquons, pour notre Philosophie des Mathématiques, la découverte de ce que cette formule, qu'on avait presque délaissée dans sa généralité, est la LOI FONDAMENTALE de toute la Théorie des différences et différentielles, directes et inverses. — Au reste, cette erreur de notre part, peut devenir de quelque importance pour l'histoire de la science. On pourra, en effet, en tirer une preuve de ce que les travaux qui ont précédé notre Philosophie des Mathématiques, ont été d'un très faible secours pour l'ÉTABLISSEMENT

vement dériver la génération de toutes les différences, et spécialement, pour le cas en question, la génération des différences idéales ou des différentielles.

Jusqu'ici, les différens procédés qu'on a employés pour déduire cette génération, se réduisent tous, plus ou moins directement, aux développemens des fonctions en séries ; ce qui, suivant ce que nous avons prouvé dans cet opuscule, est tout-à-fait inexact, parce que le développement des fonctions suppose déjà l'existence des différentielles. La génération des différentielles doit être déduite entièrement et uniquement de la loi fondamentale dont nous venons de parler ; et cette déduction, opérée sur les fonctions élémentaires, appartient proprement à la Philosophie du Calcul différentiel. — C'est cette déduction élémentaire que nous allons présenter.

La loi fondamentale de la Théorie des différences est... (69)

$$\begin{aligned}\Delta^{\mu}(Fx \times fx) = {} & Fx \,.\, \Delta^{\mu} fx + \frac{\mu}{1} \,.\, \Delta Fx \,.\, (\Delta^{\mu-1} fx - \Delta^{\mu} fx) \\ & + \frac{\mu(\mu-1)}{1.2} \,.\, \Delta^2 Fx \,.\, (\Delta^{\mu-2} fx - 2\Delta^{\mu-1} fx + \Delta^{\mu} fx) \\ & + \frac{\mu(\mu-1)(\mu-2)}{1.2.3} \,.\, \Delta^3 Fx \,.\, (\Delta^{\mu-3} fx - 3\Delta^{\mu-2} fx + 3\Delta^{\mu-1} fx - \Delta^{\mu} fx) \\ & + \text{etc., etc.};\end{aligned}$$

μ étant un exposant quelconque, et Δ le signe des différences que nous prenons suivant la voie régressive par la raison que nous avons déjà alléguée ailleurs. Or, lorsque l'accroissement de la variable x, dont dépendent les différences Δ, est indéfiniment petit, ces diffé-

définitif de la science, que présente cette Philosophie : on pourra présumer que, quand même aucune des lois fondamentales de la science n'aurait été trouvée, la Philosophie dont il s'agit les aurait découvertes toutes. — Telle est d'ailleurs la nature de cette Philosophie.

rences deviennent idéales et forment les différentielles; et alors, en vertu du principe fondamental du Calcul infinitésimal, les différences idéales des ordres supérieurs peuvent rigoureusement être négligées par rapport à celles des ordres inférieurs; de sorte que, désignant suivant l'usage par d ces différences idéales ou les différentielles, la loi précédente donnera ... (70)

$$d^{\mu}(Fx.fx) = Fx.d^{\mu}fx + \frac{\mu}{1}.dFx.d^{\mu-1}fx$$
$$+ \frac{\mu(\mu-1)}{1.2}.d^2Fx.d^{\mu-2}fx$$
$$+ \frac{\mu(\mu-1)(\mu-2)}{1.2.3}.d^3Fx.d^{\mu-3}fx$$
$$+ \text{etc., etc.}$$

Telle est donc la loi fondamentale de toute la Théorie des différentielles; loi bien connue des géomètres, mais dont ils ont entièrement méconnu l'importance. Telle est donc aussi l'unique loi de laquelle devront partir les auteurs qui dorénavant voudront faire des traités permanens du Calcul différentiel. — Quant à nous, d'après le but que nous nous sommes fixé plus haut, nous nous bornerons ici à déduire, de cette loi fondamentale, les différentielles du premier ordre des fonctions algorithmiques élémentaires, savoir, des fonctions ... (71)

$$(\varphi x)^m, \quad a^{\varphi x}, \quad log.\,\varphi x, \quad sin.\,\varphi x \quad \text{et} \quad cos.\,\varphi x;$$

φx étant d'ailleurs une fonction quelconque de la variable x. Or, lorsque $\mu = 1$, la loi fondamentale (70) devient ... (70)'

$$d(Fx.fx) = Fx.dfx + dFx.fx.$$

Soit donc, d'abord pour la fonction $(\varphi x)^m$,

$$Fx = (\varphi x)^p, \quad fx = (\varphi x)^q, \quad \text{et} \quad p + q = m;$$

on aura . . . (72)

$$d(\varphi x)^m = d\{(\varphi x)^p.(\varphi x)^q\} = (\varphi x)^p.d(\varphi x)^q + (\varphi x)^q.d(\varphi x)^p.$$

Ainsi, faisant généralement $q=1$, et successivement $p=1$, $p=2$, $p=3$, etc., on trouve

$$d(\varphi x)^2 = 2\varphi x.d\varphi x$$
$$d(\varphi x)^3 = (\varphi x)^2.d\varphi x + \varphi x.d(\varphi x)^2 = 3(\varphi x)^2.d\varphi x$$
$$d(\varphi x)^4 = (\varphi x)^3.d\varphi x + \varphi x.d(\varphi x)^3 = 4(\varphi x)^3.d\varphi x$$

etc., etc.;

d'où l'on tire, pour un nombre entier quelconque m, la différentielle générale . . . (72)'

$$d(\varphi x)^m = m(\varphi x)^{m-1}.d\varphi x.$$

Car p et q étant des nombres entiers, l'expression (72)' donnerait

$$d(\varphi x)^{p+q} = (\varphi x)^p.q(\varphi x)^{q-1}.d\varphi x + (\varphi x)^q.p(\varphi x)^{p-1}.d\varphi x =$$
$$= (p+q).(\varphi x)^{p+q-1}.d\varphi x;$$

et il suffirait que cette expression fût vraie dans un seul cas, pour l'être dans tous les autres. Mais elle l'est évidemment dans le cas de $p=1$ et $q=1$; donc, etc.

Maintenant, lorsque m est un nombre fractionnaire, irrationnel, transcendant ou même idéal (imaginaire), il existe toujours un autre nombre n tel que $m+n$ est un nombre entier; et alors, on aurait d'une part, en vertu de la loi (70)', l'expression

$$d\{(\varphi x)^m.(\varphi x)^n\} = (\varphi x)^m.d(\varphi x)^n + d(\varphi x)^m.(\varphi x)^n;$$

et de l'autre part, en vertu de la formule particulière (72)', l'expression

$$d(\varphi x)^{m+n} = (m+n).(\varphi x)^{m+n-1}.d\varphi x.$$

Donc, on aurait

$$(m+n).(\varphi x)^{m+n-1}.d\varphi x = (\varphi x)^m.d(\varphi x)^n + d(\varphi x)^m.(\varphi x)^n;$$

relation qui n'est possible généralement qu'autant que $d(\varphi x)^n$ contient le facteur variable $(\varphi x)^{n-1}.d\varphi x$, et $d(\varphi x)^m$ le facteur $(\varphi x)^{m-1}.d\varphi x$, c'est-à-dire qu'autant que

$$d(\varphi x)^m = A(\varphi x)^{m-1}.d\varphi x, \quad \text{et} \quad d(\varphi x)^n = B(\varphi x)^{n-1}.d\varphi x,$$

A et B étant deux quantités indépendantes de la variable x. Ainsi, on aurait

$$(m+n).(\varphi x)^{m+n-1}.d\varphi x = (A+B).(\varphi x)^{m+n-1}.d\varphi x,$$

et par conséquent, $m+n=A+B$; relation qui n'est de nouveau possible qu'autant que $A=m$ et $B=n$, car ce n'est que de cette manière que peuvent subsister généralement les relations précédentes, m restant constant et n augmentant d'une ou de plusieurs unités. On aura donc généralement . . . (72)''

$$d(\varphi x)^m = m(\varphi x)^{m-1}.d\varphi x,$$

quel que soit le nombre m, entier, fractionnaire, irrationnel, transcendant ou même idéal; et cela, sans avoir employé aucune autre loi algorithmique, pas même le binome de Newton.

En second lieu, pour la fonction exponentielle $a^{\varphi x}$, on a, en vertu des facteurs élémentaires ou philosophiques de la génération par graduation (voyez *Philos. des Mathém.* pages 178 et suiv.), l'expression . . . . (73)

$$a^{\varphi x} = \left(1 + \varphi x.La.\frac{1}{\infty}\right)^{\infty},$$

L dénotant le logarithme naturel, et ∞ un nombre indéfiniment grand. Or, considérant le facteur élémentaire $\left(1+\varphi x.La.\frac{1}{\infty}\right)$ comme une fonction de x, et prenant, en vertu de la loi générale $(72)''$, la différentielle de l'expression précédente (73), on aura

$$d(a^{\varphi x}) = \infty\left(1 + \varphi x \,.\, La \,.\, \frac{1}{\infty}\right)^{\infty - 1} . \frac{La}{\infty} . d\varphi x =$$
$$= \left(1 + \varphi x \,.\, La \,.\, \frac{1}{\infty}\right)^{\infty} . La \,.\, d\varphi x;$$

et remettant la valeur (73) de $\left(1 + \varphi x . La . \frac{1}{\infty}\right)^{\infty}$, on obtiendra... $(73)'$

$$d(a^{\varphi x}) = a^{\varphi x} . La \,.\, d\varphi x.$$

En troisième lieu, pour la fonction $log. \varphi x$, on a, en vertu de la loi fondamentale de la théorie des logarithmes, l'expression... (74)

$$\log. \varphi x = \infty\left((\varphi x)^{\frac{1}{\infty}} - 1\right) . \frac{1}{La},$$

a étant la base du système de logarithmes dont il s'agit. Ainsi, prenant, par le moyen de la loi générale $(72)''$, la différentielle de cette expression, on aura . . . $(74)'$

$$d(\log. \varphi x) = \frac{\infty}{La} . d(\varphi x)^{\frac{1}{\infty}} = \frac{\infty}{\infty La} . (\varphi x)^{\frac{1}{\infty} - 1} . d\varphi x =$$
$$= \frac{d\varphi x}{La \,.\, \varphi x}.$$

Enfin, pour les fonctions circulaires $sin. \varphi x$ et $cos. \varphi x$, on a, en vertu de la loi fondamentale de la théorie des sinus et cosinus, les expressions . . . (75)

$$\sin. \varphi x = \frac{1}{2\sqrt{\pm 1}} . \left\{ a^{+\varphi x . \sqrt{\mp 1}} - a^{-\varphi x . \sqrt{\mp 1}} \right\}$$
$$\cos. \varphi x = \frac{1}{2} . \left\{ a^{+\varphi x . \sqrt{\mp 1}} + a^{-\varphi x . \sqrt{\mp 1}} \right\},$$

dans lesquelles le signe supérieur + répond aux différens systèmes de sinus et cosinus hyperboliques, et le signe inférieur — aux différens systèmes de sinus et cosinus elliptiques, a étant d'ailleurs la base des systèmes de sinus et cosinus dont il s'agit (voyez *Philos. des Mathém.* pages 19 et suiv.). Or, en prenant, par le moyen de la loi (73)', les différentielles des deux expressions précédentes, on trouvera

$$d(\sin.\varphi x) = +\frac{1}{2}.\left\{a^{+\varphi x.\sqrt{\pm 1}} + a^{-\varphi x.\sqrt{\pm 1}}\right\}.La.d\varphi x$$

$$d(\cos.\varphi x) = \pm\frac{1}{2\sqrt{\pm 1}}.\left\{a^{+\varphi x.\sqrt{\pm 1}} - a^{-\varphi x.\sqrt{\pm 1}}\right\}.La.d\varphi x;$$

et remettant les valeurs (75), on obtiendra . . . (75)'

$$d(\sin.\varphi x) = + La.\cos.\varphi x.d\varphi x$$

$$d(\cos.\varphi x) = \pm La.\sin.\varphi x.d\varphi x.$$

Nous aurons ainsi, en résumant les expressions (72)'', (73)', (74)' et (75)', pour les différentielles des fonctions élémentaires (71), les expressions . . . (76)

$$d(\varphi x)^m = m(\varphi x)^{m-1}.d\varphi x$$

$$d(a^{\varphi x}) = a^{\varphi x}.La.d\varphi x$$

$$d(\log.\varphi x) = \frac{d\varphi x}{\varphi x.La}$$

$$d(\sin.\varphi x) = + La.\cos.\varphi x.d\varphi x$$

$$d(\cos.\varphi x) = \pm La.\sin.\varphi x.d\varphi x;$$

différentielles qui seront obtenues d'une manière indépendante de tout développement des fonctions en séries. Donc, puisque toutes les autres différentielles se construisent au moyen des différentielles élémentaires précédentes, on voit que la génération des différences idéales ou des différentielles, suit, dans son principe, des lois propres et entièrement indépendantes du développement des fonctions en séries; et, par conséquent, que les différentielles sont des fonctions algorithmiques indépendantes et même absolues. De plus, en observant que les différentielles élémentaires (76) dépendent toutes, dans leur déduction, de la différentielle (72)'' de la fonction de graduation $(\varphi x)^m$, on verra que toute la théorie des différentielles porte essentiellement sur l'algorithme de la graduation, ainsi que, dans la Philosophie des Mathématiques, nous l'avons reconnu à priori.

Nous avons déjà dit plus haut que la déduction des différentielles élémentaires (76) appartient à la Philosophie du Calcul différentiel; aussi, est-ce de cette Philosophie que nous l'avons extraite, pour compléter ici la Philosophie spéciale du Calcul infinitésimal ou la Philosophie de l'infini. — Lorsque nous viendrons au développement des différentes branches composant notre Philosophie des Mathématiques, nous donnerons le système complet de la Philosophie du Calcul différentiel et du calcul intégral.

FIN DES NOTES.

POST-SCRIPTUM.

DANS *l'état auquel nous venons de porter la Métaphysique du Calcul infinitésimal, nous devons espérer, du moins suivant les probabilités relatives au bien de la science, que ce premier développement de notre Philosophie des Mathématiques achevera d'opérer l'effet que nous avions quelques raisons d'attendre déjà de notre première production, celui de faire reconnaître aux géomètres un état de choses tout-à-fait nouveau dans la philosophie de leur science, et sur-tout un état de choses situé entièrement hors de la portée de cette science elle-même. C'est là le seul but que nous desirons d'abord atteindre : assurés ainsi de la réserve des géomètres dans leurs décisions philosophiques* (*), *nous produirons successivement les résultats de nos longues veilles, jusqu'à ce qu'ayant développé suffisamment les fondemens de la réforme philosophique que nous avons présentée pour les Mathématiques, nous pourrons reprendre l'ensemble de ce travail, et l'offrir définitivement dans un traité détaillé et complet.*

Les géomètres reconnaîtront sans doute, avec la même facilité,

---

(*) *On demandera peut-être pourquoi nous insistons tant pour empêcher les géomètres de se mêler actuellement de nos productions? C'est que le point de vue dans lequel ils se trouvent, est tellement éloigné de celui de la vraie Philosophie des Mathématiques, que, quels que soient le zèle et les intentions des géomètres, ces savans, par leur influence, ne pourraient encore qu'entraver le développement de la* RÉFORME *que cette Philosophie doit apporter à leur science. — Lorsque cette réforme sera achevée, nous en préviendrons les géomètres; et, alors seulement, ils pourront s'en mêler utilement.*

qu'au point où se trouve ainsi portée la Philosophie des Mathématiques, nous ne pourrions, sans perdre le tems et sur-tout sans compromettre la science, répondre à tous ceux qui, sans avoir approfondi les principes de cette Philosophie, traiteraient désormais des objets relatifs à la Philosophie des Mathématiques, et encore moins à ceux qui croiraient pouvoir nous attaquer. D'ailleurs, sans parler ici des développemens purement mathématiques, si l'on compare les développemens philosophiques que nous présentons dans cet opuscule, à ce que nous avons d'abord établi sur le Calcul infinitésimal dans le premier ouvrage de notre Philosophie des Mathématiques, on pourra se former une idée de l'étendue que doit recevoir cette Philosophie; et, en se représentant alors cette vaste et profonde doctrine, on comprendra bien facilement que les différentes opinions qu'on a eues sur la Philosophie des sciences mathématiques, ne signifient jusqu'ici absolument rien, et, par conséquent, que ce qu'on pourrait encore se hazarder à dire sur cette Philosophie, aurait très probablement le même caractère. Nous pensons donc que, dorénavant, les géomètres nous dispenseront d'avance de faire attention à leurs productions philosophiques, quel qu'en soit le but; et que, fondés sur des raisons irrécusables qui s'offrent ici en foule, ils sauront interpréter notre silence à l'égard de pareilles productions.

A propos d'attaques que l'inconsidération pourrait suggérer contre nous, nous pouvons ou plutôt nous devons, pour répondre complètement (*), *au moins une fois de la vie, à une attaque pareille faite*

(*) *Dans une brochure intitulée* Document pour l'histoire des Mathématiques, *nous*

contre nous dans le Moniteur du 22 novembre 1812, *que nous aurions méprisée si elle n'avait pas eu le caractère d'une attaque officielle dirigée par une classe entière de géomètres, nous devons, disons-nous, assurer les savans des trois choses suivantes.*

Premièrement, on a prétendu que, dans notre Philosophie des Mathématiques, il se trouve des erreurs. — Nous voulons bien et nous devons d'ailleurs croire que ce reproche a été fait avec bonne foi; mais alors, nous pouvons assurer les géomètres qu'ils ont mal lu ou du moins mal compris le sens de nos formules qui, la plupart, sont purement schématiques. En effet, quoiqu'il soit vrai que, par la précipitation avec laquelle a été fait ce premier ouvrage, l'auteur écrivant la nuit ce qu'on imprimait le jour, il s'y est glissé beaucoup d'erreurs typographiques, et peut-être quelques inadvertances d'expression, il est constaté d'ailleurs qu'il n'y existe aucune erreur mathématique capitale qui puisse faire prendre le change sur le vrai sens de nos formules. Nous en sommes certains, et par nous-même et par ceux qui, étudiant cet ouvrage, ont appliqué ces formules à des exemples. Bien plus, quelque générales que soient nos expressions, on n'a eu lieu de faire qu'un seul doute: c'est celui sur les coefficiens des différences dans la formule (bh) *de la page* 116. *La confiance avec laquelle ce doute nous a été présenté, a valu (déjà en avril* 1812) *au jeune géomètre distingué, M. Lebarbier, qui nous l'a présenté, une explication détaillée de ce que signifient ces coefficiens, et même*

---

avons déjà répondu, ou plutôt nous avons déjà châtié le bavardage non-scientifique du rédacteur de l'attaque dont il s'agit. Mais il faut encore rassurer les savans qui paraissent avoir commandé cette attaque.

la loi qu'ils suivent dans leur génération (*). — *Quoique très occupé, l'auteur de cet ouvrage est prêt à donner aux géomètres tous les éclair-*

(*) *Voici la Note de M. Lebarbier, et la Réponse que nous lui avons faite.*

Note de M. Lebarbier.

« *Cette formule* (*la formule* (bh) *de la page* 116 *de la* Philos. des Mathém.), *ne réussit* « *pas; elle me paraît absolument fausse. Pour le prouver, on n'a qu'à l'appliquer à la* « *fonction*

$$Z = ax^2 + bxy.$$

« *On trouvera*

$$(1^o.) \ldots \Delta Z = (2ax + a\Delta x + by)\Delta x + (bx + b\Delta x)\Delta y,$$

$$(2^o.) \ldots \left(\frac{\Delta Z}{\Delta x}\right).\Delta x = (2ax + a\Delta x + by)\Delta x$$

$$\left(\frac{\Delta Z}{\Delta y}\right).\Delta y = bx.\Delta y;$$

« *et comme M. Wronski suppose*

$$\Delta Z = \left(\frac{\Delta Z}{\Delta x}\right).\Delta x + \left(\frac{\Delta Z}{\Delta y}\right).\Delta y,$$

« *on voit évidemment que le résultat ne s'accorde pas avec la différence totale* ΔZ « *ci-dessus.*

« *Si la formule de M. Wronski est vraie, les signes* $\left(\frac{\Delta Z}{\Delta x}\right)$, $\left(\frac{\Delta Z}{\Delta y}\right)$ *ont une significa-* « *tion que je n'entends pas.* »

Réponse qui a été faite à cette Note.

Monsieur, j'ai examiné la formule (bh) *de la* Philosophie des Mathématiques

cissemens nécessaires pour les aider à approfondir cette nouvelle doctrine; mais, étant entièrement absorbé par son travail, il prie les

---

(*page* 116); *et loin de la trouver défectueuse, j'y ai retrouvé l'évidence immédiate que je lui ai reconnue et assignée. — La signification que vous donnez aux quantités* $\left(\frac{\Delta F}{\Delta x_1}\right)$, $\left(\frac{\Delta F}{\Delta x_2}\right)$, *etc. est bonne ; mais vous négligez une considération palpable dans leur réunion. La voici.*

Les différences de la fonction $F(x_1, x_2, x_3, etc.)$, *prises séparément par rapport aux variables* x_1, x_2, x_3, *etc., sont*

$$\left(\frac{\Delta F}{\Delta x_1}\right).\Delta x_1, \quad \left(\frac{\Delta F}{\Delta x_2}\right).\Delta x_2, \quad \left(\frac{\Delta F}{\Delta x_3}\right).\Delta x_3, \text{ etc.};$$

et chacune de ces fonctions ne contiendra que l'accroissement respectif Δx_1, Δx_2, Δx_3, *etc. Mais, lorsque les variables* x_1, x_2, x_3, *etc. reçoivent simultanément les accroissemens* $\Delta x_1, \Delta x_2, \Delta x_3$, *etc., il est visible que les fonctions* $\left(\frac{\Delta F}{\Delta x_1}\right)$, $\left(\frac{\Delta F}{\Delta x_2}\right)$, *etc. contiendront, à la place des quantités* x_1, x_2, x_3, *etc., les quantités nouvelles* $(x_1 + \Delta x_1)$, $(x_2 + \Delta x_2)$, $(x_3 + \Delta x_3)$, *etc. Il ne reste qu'à observer, dans la réunion de ces différences partielles, de ne pas tenir compte plusieurs fois d'un même accroissement de la fonction* $F(x_1, x_2, x_3, etc.)$. *Ainsi, en premier lieu, dans la fonction* $\left(\frac{\Delta F}{\Delta x_1}\right)$, *la quantité* x_1 *ne subit plus aucun accroissement, parceque la quantité* $\left(\frac{\Delta F}{\Delta x_1}\right).\Delta x_1$ *est déjà l'expression de l'accroissement de la fonction* F *par rapport à la variable* x_1; *en second lieu, dans la fonction* $\left(\frac{\Delta F}{\Delta x_2}\right)$, *les variables* x_1 *et* x_2 *ne subissent de même aucun accroissement, parceque l'accroissement de la fonction* F *par rapport à ces variables, est déjà déterminé par les deux quantités* $\left(\frac{\Delta F}{\Delta x_1}\right).\Delta x_1$ et $\left(\frac{\Delta F}{\Delta x_2}\right).\Delta x_2$; *en troisième lieu, dans la fonction* $\left(\frac{\Delta F}{\Delta x_3}\right)$, *les trois quantités* x_1, x_2, x_3 *ne doivent non plus subir aucun accroissement, parceque l'accroissement de la fonc-*

savans qui désireraient avoir ces éclaircissemens, de faire parvenir leurs doutes à M. Arson, son ami, qui voudra bien l'en prévenir.

Secondement, on a prétendu que, dans nos productions, nous nous adressions au Public étranger aux sciences mathématiques. — Mais, de grace, quelle que soit d'ailleurs notre considération pour ce Public, qu'en ferions-nous dans cette affaire, puisque les savans, même les plus grands, avouent ne pouvoir encore approfondir nos productions? — Que les géomètres se rassurent donc complètement à cet égard: nous pouvons d'ailleurs leur apprendre que, grace au Ciel, nous n'avons nullement besoin du Public: nous ne nous trouvons pas en concurrence de places *avec les géomètres, comme ces Messieurs le savent sans doute; et encore moins en concurrence de découvertes,*

---

tion F *par rapport à ces trois variables, est déjà déterminé par les trois quantités* $\left(\frac{\Delta F}{\Delta x_1}\right).\Delta x_1$, $\left(\frac{\Delta F}{\Delta x_2}\right).\Delta x_2$ et $\left(\frac{\Delta F}{\Delta x_3}\right).\Delta x_3$; *etc., etc. Résumant ces raisons, on obtiendra la règle suivante: il faut, dans la première fonction* $\left(\frac{\Delta F}{\Delta x_1}\right)$, *mettre* $(x_2 + \Delta x_2)$, $(x_3 + \Delta x_3)$, $(x_4 + \Delta x_4)$, *etc. à la place de* x_2, x_3, x_4, *etc.; dans la seconde fonction* $\left(\frac{\Delta F}{\Delta x_2}\right)$, *il faut mettre* $(x_3 + \Delta x_3)$, $(x_4 + \Delta x_4)$, *etc. à la place de* x_3, x_4, *etc.; dans la troisième fonction* $\left(\frac{\Delta F}{\Delta x_3}\right)$, *il faut mettre* $(x_4 + \Delta x_4)$, $(x_5 + \Delta x_5)$, *etc. à la place de* x_4, x_5, *etc.; et ainsi de suite.*

Avec cette considération qui est palpable, les fonctions $\left(\frac{\Delta F}{\Delta x_1}\right)$, $\left(\frac{\Delta F}{\Delta x_2}\right)$, $\left(\frac{\Delta F}{\Delta x_3}\right)$, *etc. recevront leur véritable détermination; et c'est là leur signification. — Agréez, Monsieur, etc., etc.*

parceque nos productions sont d'un ordre tout-à-fait différent. Nous donnons de plus, dans cet opuscule, une preuve irrécusable de ce que nous n'avons nullement envie de discréditer les géomètres, *comme on s'en est plaint: on verra, en effet, que nous aurions pu nommer, d'une manière victorieuse pour nous, plusieurs grands géomètres vivans; nous ne l'avons pas fait, et, ce qui est décisif, nous n'avons pas même voulu faire connaître le nom très célèbre de l'auteur que nous combattons dans le premier Mémoire.*

Troisièmement enfin, les savans dont il s'agit se plaignent de ce que notre Philosophie des Mathématiques est inintelligible, ou, pour rappeler l'expression de ces Messieurs, « que l'auteur de cette Philo- « sophie s'est enveloppé d'une si effrayante obscurité, qu'il est très « difficile de dire s'il a raison ou s'il a tort, parcequ'il est presque « impossible de le comprendre ». — Ce reproche ne nous regarde nullement: il n'est qu'une preuve authentique de l'état des lumières parmi les savans qui l'ont articulé; en observant surtout que, suivant l'assertion du rédacteur de l'attaque dont il est question, ce reproche nous a été fait par un des plus grands savans de la classe de ceux au nom desquels paraît avoir été rédigée cette attaque, et cela même « après « s'être occupé mûrement de l'examen de nos ouvrages ». *Mais, désirant toujours et partout l'avancement de la science, nous ne pouvons négliger cette occasion de contribuer en quelque chose aux progrès des lumières parmi ces Messieurs. Nous devons donc les assurer que notre Philosophie des Mathématiques est un des ouvrages les plus clairs et les plus intelligibles qui existent, mais pour ceux qui connaissent déjà la* PHILOSOPHIE TRANCENDANTALE; *et nous devons les* *assurer, de plus, que la Philosophie transcendantale elle-même est une science positive (et la plus positive de toutes), cultivée et enseignée publiquement dans presque tout le Nord de l'Europe. — On voit, par là, qu'il n'est nullement de notre faute si quelque classe de savans, se trouvant arriérée dans les progrès des lumières en Europe, ne peut approfondir nos productions. Bien plus, dévoué entièrement au bien de la science, et ne pouvant abandonner des recherches supérieures pour donner notre tems à reproduire en français et à faire connaître, par la voie de l'impression, cette nouvelle marche de l'esprit humain, nous avons offert de sacrifier nos loisirs pour répandre, par le moyen d'un Cours oral, les hautes connaissances dont nous parlons. Cette offre a été faite, d'une part, à un des plus grands savans parmi ceux qui se sont plaints de ne pouvoir comprendre notre Philosophie des Mathématiques; et, de l'autre part, à Napoléon lui même, alors souverain de la France. Le grand savant, nous ayant accordé une audience, nous a témoigné à ce sujet des dispositions si étranges que, depuis ce tems, nous sentons plus fortement la répugnance de compromettre la vérité; et le Grand Napoléon, suivant très probablement les avis du même grand savant, s'est cru au-dessus de pareilles bagatelles. Nous ne pouvons pas nommer le savant dont il s'agit, ni même faire part au Public de l'entretien très curieux que nous avons eu avec lui; mais nous pouvons et nous devons faire connaître la lettre qui, à ce sujet, a été écrite à Napoléon (*). La voici.*

(*) *Le Grand-Maréchal du Palais, Duroc, à qui nous avions envoyé cette lettre, nous a écrit « l'avoir mise sous les yeux de Sa Majesté ». Et, une copie fut communiquée au Grand-Maître de l'Université, qui en accusa la réception.*

A SA MAJESTÉ

L'EMPEREUR ET ROI.

Objet de cette Lettre. Etablissement d'une Philosophie restauratrice en France.

SIRE,

A l'époque où la nation française était occupée de la régénération politique, achevée si glorieusement par (*) *Votre Majesté, le Nord de l'Allemagne opérait une révolution intellectuelle non moins importante. Tout ce qui, jusqu'alors, avait été fait pour le savoir de l'homme, s'est trouvé n'être qu'un travail provisoire : les sciences les plus exactes ont reçu une direction nouvelle et une législation positive qui fixe, d'une manière péremptoire, toutes leurs découvertes faites et à faire. Votre Majesté peut s'en convaincre elle-même, en daignant jeter les yeux sur la* Philosophie des Mathématiques, *dont j'ai eu*

(*) Par *ou* avec, *car en* 1811 *l'un ou l'autre pouvait se dire.*

l'honneur de lui faire hommage par l'organe du prince Kourakin.

Mais le plus grand bienfait que l'humanité reçoit de cette réforme philosophique, est la fondation scientifique définitive de la morale. — La soumission à la souveraineté et le respect pour la religion ne sont plus des vérités purement conventionnelles, engendrées par la simple prudence; ce sont aujourd'hui des vérités absolues, dérivées des lois de la raison elle-même: la Philosophie transcendantale *qui a opéré cette révolution, a découvert la source sublime de leur nécessité, et leur a donné ainsi une certitude scientifique, supérieure même à l'évidence mathématique dont elle a également trouvé l'origine.*

C'est pour cette Philosophie, Sire, que j'ose réclamer la protection hospitalière de Votre Majesté. — Ayant entrepris de la faire connaître aux Français, j'ai jugé convenable, pour mériter d'abord les égards qui sont dûs à la vérité, de publier immédiatement la législation de la première des sciences, la Philosophie des Mathématiques, telle qu'elle est donnée par la Philosophie transcendantale. Ce but préliminaire se trouve atteint: on a apprécié l'importance des résultats; mais les principes philosophiques eux-mêmes n'ont pu être approfondis, et la classe des sciences de votre Institut, Sire, a demandé des développemens (*). — C'est donc le moment de donner l'exposition de cette Philosophie. Le moyen le plus court, c'est un cours public oral, et c'est aussi le seul moyen qui soit en mon pouvoir. Autorisé pour ce cours par S. Exc. le Grand-Maître de votre Univer-

(*) *Voyez le* Moniteur *du 15 et du 21 novembre 1810.*

sité, Sire, j'ai présenté la liste de souscription, d'abord aux membres du Corps diplomatique, et ensuite aux Grands de l'Empire français, pour obtenir, dans l'ordre où j'avais droit de m'y attendre, l'appui qui m'était nécessaire à Paris. Les premiers ont presque tous souscrit; mais, parmi les seconds, aucun n'a voulu m'accorder l'appui hospitalier que j'avais réclamé. Je ne puis attribuer un tel refus, venant des premières personnes d'une nation aussi civilisée, qu'à la crainte établie justement en France pour le mot de philosophie ; *et dans ce cas, il ne reste qu'un seul moyen de gagner, dans ce grand empire, la confiance que mérite la Philosophie restauratrice dont il s'agit, celui de supplier Votre Majesté de daigner elle-même ouvrir la liste de souscription que je dois présenter aux Français, ses sujets. Votre nom auguste, Sire, ne sera qu'une juste protection, accordée aux résultats intellectuels les plus utiles et les plus sublimes que les hommes aient obtenus jusqu'à ce jour.*

Sans cette protection souveraine immédiate, il est impossible d'espérer que la Philosophie transcendantale soit connue en France de sitôt. La perte en serait incalculable: les progrès des sciences demeureraient lents; et quant à la morale, j'ose le dire à Votre Majesté, aucun autre moyen ne saurait, dans ce moment, la retirer de l'état honteux où l'a réduite le matérialisme; car, pour comble de malheur, on est persuadé généralement que c'est là un effort supérieur de l'esprit humain. — Au contraire, avec la protection de Votre Majesté, quelques mois suffisent pour poser en France les fondemens d'une doctrine restauratrice. Une marche nouvelle et péremptoire dans les sciences; des lois absolues pour le savoir humain entier; des principes immuables pour l'opinion publique; l'évidence irréfragable de la majesté du trône; la conscience la plus intime de la sainteté de l'Eglise; la certitude consolante d'un monde moral; le sentiment d'une dignité infinie, qui ne peut que relever le caractère noble du Français; voilà, Sire, les avantages que présente la Philosophie transcendantale.

Je suis avec le plus profond respect,

DE VOTRE MAJESTÉ IMPÉRIALE ET ROYALE,

Le très humble et très obéissant serviteur

Signé HOËNÉ WRONSKI.

Paris, en août 1811.

SUPPLÉMENT A L'ERRATA

De l'Introduction à la Philosophie des Mathématiques (*).

Pages	Lignes	
2,	35,	font l'objet; *lisez*, font un objet
7,	7,	point de vue métaphysique; *lisez*, point de vue transcendantal
7,	11,	*élémentaires et primitifs*; lisez, *élémentaires primitifs.*
19,	8 et 9,	En anticipant sur la Philosophie; *lisez*, En anticipant sur la Métaphysique
20,	7,	à un de ses points; *lisez*, à un de leurs points;
24,	23,	$+\sqrt{\pm\ }\,.fx_2$; *lisez*, $+\sqrt{\pm 1}\,.fx_2$
24,	24 et 27,	$+\sqrt{\pm\ }\,.$; *lisez*, $+\sqrt{\pm 1}.$
28,	3,	*au dénominateur*, $1+\sqrt{\pm 1}\,.\,Tx$; *lisez*, $1-\sqrt{\pm 1}\,.\,Tx$
28,	8,	*au dénominateur*, $1+\sqrt{-1}\,.\,Tx$; *lisez*, $1-\sqrt{-1}\,.\,Tx$
34,	*dernière avant la note*,	$+\frac{\mu-1}{1}.$; *lisez*, $+\frac{\mu+1}{1}.$
35,	14,	$\varphi(x-2\xi)-$ etc.; *lisez*, $\varphi(x-2\xi)+$ etc.
45,	1,	particulière (g); *lisez*, particulière (k)
46,	17,	$.\,d^{\mu-\nu-\nu_1}fx$; lisez, $d^{\mu-\nu-\nu_1}f_1 x$
49,	14,	aperçus philosophiques; *lisez*, aperçus métaphysiques
56,	29,	$+f(x+\mu)\}$; *lisez*, $+f(x+\mu\xi)\}$
63,	21,	philosophiques; *lisez*, métaphysiques
65,	1,	soient $n_1, n_2, n_3, \ldots,$; *lisez*, soient $n_1, n_2, n_3, \ldots n_\omega,$

(*) La plupart des corrections de fautes typographiques et de calcul algébrique, contenues dans ce premier Supplément, nous ont été fournies par M. Thevenot, que nous prions d'agréer ici nos remercimens.

Pages	Lignes	
65,	13,	$\aleph[n_1 + n_2]^3 = n_1^3 + n_2^3 + n_1 n_2 + n_1 n_3 + n_2 n_3$; *lisez*, $\aleph[n_1 + n_2]^3 = n_1^3 + n_2^3 + n_1^2 n_2 + n_1 n_2^2$,
66,	24,	$.\aleph[N_\omega]^{m-2}$; *lisez*, $.\aleph[N_\omega]^{m-1}$.
67,	27,	génération de tous les nombres; *lisez*, génération par sommation de tous les nombres
70,	27,	$\left(\frac{N}{n_\mu}\right)^m$; *lisez*, $\left(\frac{N_\omega}{n_\mu}\right)^m$
72,	21,	philosophiques; *lisez*, métaphysiques
75,	18,	$.x^8 +$ etc. ; *lisez*, $.x^3 +$ etc.
78,	9,	$(x-a)^2 -$ etc. $=$; *lisez*, $.(x-a)^2 +$ etc. $=$
81,	16,	*au dénominateur*, $(1+2m)$; *lisez*, $(1+2m)\pi$
82,	25,	$(x^m + (-1))^n$; *lisez*, $(x^m + (-1)^n)$
85,	4,	$(a^\mu + x)$; *lisez*, $(a_\mu + x)$
88,	17,	$.z^{+(2,1)}$; *lisez*, $.z^{+(2,2)}$;
89,	22,	$z_3 = z_2^{z g_2}$; *lisez*, $z_3 = z_2^{g^{z_2}}$
99,	17,	philosophiques; *lisez*, métaphysiques
102,	27,	inégalités; *lisez*, égalités
110,	8,	$[D] = m_4 . s_4 + n_4 . r_4$; *lisez*, $[D] = m_4 . s_4 + n_4 . r_4 + + m_5 . s_5 + n_5 . r_5$,
117,	9,	$= \left(\frac{\Delta^{q+p} f(x,y)}{\Delta y^q . \Delta x^p}\right) . \Delta x^p . \Delta y^q$; *lisez* $= \left(\frac{\Delta^{q+p} f(x,y)}{\Delta y^q . \Delta x^p}\right) . \Delta y^q . \Delta x^p$,
117,	13,	$.\Delta x^q =$; *lisez*, $\Delta y^q =$
119,	26,	$\psi\left(x, \frac{dz}{dx}\right), dx$, ; *lisez*, $\psi\left(x, \frac{dz}{dx}\right), z, dx$,
123,	12,	$\left(\frac{d\Phi_1}{d\varphi_1}\right) . d\varphi +$; *lisez*, $\left(\frac{d\Phi_1}{d\varphi_1}\right) . d\varphi_1 +$
133,	10,	fonction; *lisez* fonctions
134,	9,	c'est-à-dire; *lisez*, c'est-à-dire, ... $(bl)_{ii}$ *bis*
134,	12,	équations $(bl)_{iii}$; *lisez*, équations $(bl)_{ii}$ *bis*
137,	18,	la fonction F; *lisez*, la fonction dF

Pages	Lignes	
138,	26,	$ff\left(x,y,z,\left(\frac{dz}{dx}\right),\left(\frac{dz}{dy}\right)\right)$; *lisez*, $ff\left(x,y,z,\left(\frac{dz}{dx}\right),\left(\frac{dz}{dy}\right),dx,dy,dz\right)$
139,	5 et 6,	une constante; *lisez*, une fonction
154,	20,	$+[a]$; *lisez*, $+[a]_1$,
159,	10,	de ses relations; *lisez*, de ces relations,
170,	23,	les nombres μ' et ν'; *lisez*, les nombres μ et ν et par conséquent μ' et ν'
182,	27,	$\left(1 + la.\frac{1}{\infty}\right)$; *lisez*, $\left(1 + la.\frac{1}{\infty}\right)^{\infty}$
183,	1,	$-(1-\sqrt{-1})$; *lisez*, $-(1-\sqrt{-1})^{\frac{1}{\infty}}$
185,	12 et 16,	*réc.* $\left[T=\left(\frac{}{\alpha}\right)\right]$; *lisez*, *réc.* $\left[T=\left(\frac{\beta}{\alpha}\right)\right]$
186,	7,	$(a^2+b)^{\frac{1}{\infty}}$; *lisez*, $(a^2+b^2)^{\frac{1}{\infty}}$
192,	18,	$\ldots\ldots f_{2n-1}x.$; *lisez*, $\ldots\ldots + f_{2n-1}x.$
193,	9,	$a^{x\sqrt[2n]{-1}}$; *lisez*, $e^{x\sqrt[2n]{-1}}$,
233,	29,	$(\psi x)^{\varphi x\|\zeta}$; *lisez*, $(\psi z)^{\varphi x\|\zeta}$
236,	27,	$\varphi x = \left(\frac{1}{n}\right)$; *lisez*, $\varphi x = \left(\frac{1}{n}\right)^{x}$
239,	8,	$.\left(\frac{1}{2}\right)^{x-1}.1^2 + \text{etc.}\}$; *lisez*, $.\left(\frac{1}{2}\right)^{x-2}.1^2 + \text{etc.}\}$,
241,	6,	on aura....(XXIII); *lisez*, on aura généralement .....(XXIII)
247,	19,	des méthodes d'interpolation.; *lisez*, des méthodes d'interpolation, du moins en considérant ces fonctions dans toute leur généralité.
249,	17,	$A_2 + \frac{\varphi(x+2)}{A_3 + \text{etc.};}$; *lisez*, $A_2 + \frac{\varphi(x+2\xi)}{A_3 + \text{etc.};}$;

Pages	Lignes	
250,	21,	$+\frac{\varphi_m \cdot \varphi_{m+1} \cdot \varphi_{m+2}}{P_{m+1} \cdot P_{m+2}}$; *lisez*, $+\frac{\varphi_m \cdot \varphi_{m+1} \cdot \varphi_{m+2}}{P_{m+2} \cdot P_{m+3}}$
251,	7,	$\times f_1 x + f_2 x \times$ etc.; *lisez*, $\times f_1 x \times f_2 x \times$ etc.;
267,	33,	pour $n_1 + n_2$; *lisez*, $n_2 + n_3$
268,	28,	$+\frac{N^{\omega}}{N^{(\omega-1)}}$; *lisez*, $+\frac{N^{(\omega)}}{N^{(\omega-1)}}$,
269,	17,	$a_3 =$; *lisez*, $n_3 =$

SUPPLÉMENT A L'ERRATA

De la Réfutation de la Théorie des fonctions.

Il s'est glissé une erreur de calcul dans les expressions (6) de la *Réfutation de Lagrange*. Mais, comme ces expressions ne sont que le développement des formules (4) du même ouvrage, on aura pu facilement corriger l'erreur. — Voici, au reste, la manière dont il faut envisager ces expressions (6).

Dans une quelconque des fonctions ϖ des formules (4) dont nous venons de parler, on a toujours une suite croissante d'exposans de facultés, savoir,

$$\varphi x^{(\mu-\omega)|\xi}, \quad \varphi x^{(\mu-\omega+1)|\xi}, \quad \varphi x^{(\mu-\omega+2)|\xi}, \quad \ldots \varphi x^{(\mu-1)|\xi};$$

et une suite également croissante d'exposans de différences, mais supérieurs d'une unité, savoir,

$$\Delta^{\mu-\omega+1}, \quad \Delta^{\mu-\omega+2}, \quad \Delta^{\mu-\omega+3}, \quad \ldots \Delta^{\mu}.$$

Pour abréger les expressions, nous dénoterons ces deux suites par des indices appliqués à la caractéristique φ de la fonction dont il s'agit, de la manière que voici

$$^{\mu-\omega+1}\varphi_{\mu-\omega}\,.\,^{\mu-\omega+2}\varphi_{\mu-\omega+1}\,.\,^{\mu-\omega+3}\varphi_{\mu-\omega+2}\ldots{}^{\mu}\varphi_{\mu-1};$$

ou même de la manière suivante

$$^{1}\varphi_{0}\,.\,^{2}\varphi_{1}\,.\,^{3}\varphi_{2}\,.\,^{4}\varphi_{3}\ldots{}^{\omega}\varphi_{\omega-1},$$

en négligeant la quantité générale $\mu-\omega$, et en indiquant ainsi simplement la différence des exposans de facultés et des exposans de différences. — Or, puisqu'on a ici $^{q}\varphi_{p}=0$, toutes les fois que $q<p$, on aura évidemment

$$\begin{aligned}\varpi[{}^{1}\varphi_{0}\,.\,^{2}\varphi_{1}\,.\,^{3}\varphi_{2}\ldots{}^{\omega-2}\varphi_{\omega-3}\,.\,^{\omega-1}\varphi_{\omega-2}\,.\,^{\omega}\varphi_{\omega-1}] &= \\ &= {}^{\omega}\varphi_{\omega-1}\,.\,\varpi[{}^{1}\varphi_{0}\,.\,^{2}\varphi_{1}\,.\,^{3}\varphi_{2}\ldots{}^{\omega-2}\varphi_{\omega-3}\,.\,^{\omega-1}\varphi_{\omega-2}] \\ &\quad - {}^{\omega-1}\varphi_{\omega-1}\,.\,\varpi[{}^{1}\varphi_{0}\,.\,^{2}\varphi_{1}\,.\,^{3}\varphi_{2}\ldots{}^{\omega-2}\varphi_{\omega-3}\,.\,^{\omega}\varphi_{\omega-2}];\end{aligned}$$

parceque tous les autres termes de ce développement par rapport à la fonction $\varphi_{\omega-1}$, deviennent zéro, à cause de

$$^{\omega-2}\varphi_{\omega-1}=0,\quad {}^{\omega-3}\varphi_{\omega-1}=0,\quad {}^{\omega-4}\varphi_{\omega-1}=0,\quad \ldots{}^{1}\varphi_{\omega-1}=0.$$

Maintenant, les deux fonctions ϖ du développement précédent, se trouvent de nouveau dans le cas de la fonction ϖ développée; on pourra donc développer également ces deux dernières fonctions, et l'on aura

$$\begin{aligned}\varpi[{}^{1}\varphi_{0}\,.\,^{2}\varphi_{1}\,.\,^{3}\varphi_{2}\ldots{}^{\omega-3}\varphi_{\omega-4}\,.\,^{\omega-2}\varphi_{\omega-3}\,.\,^{\omega-1}\varphi_{\omega-2}] &= \\ &= {}^{\omega-1}\varphi_{\omega-2}\,.\,\varpi[{}^{1}\varphi_{0}\,.\,^{2}\varphi_{1}\,.\,^{3}\varphi_{2}\ldots{}^{\omega-3}\varphi_{\omega-4}\,.\,^{\omega-2}\varphi_{\omega-3}] \\ &\quad - {}^{\omega-2}\varphi_{\omega-2}\,.\,\varpi[{}^{1}\varphi_{0}\,.\,^{2}\varphi_{1}\,.\,^{3}\varphi_{2}\ldots{}^{\omega-3}\varphi_{\omega-4}\,.\,^{\omega-1}\varphi_{\omega-3}],\end{aligned}$$

$$\varpi[{}^{1}\varphi_{0}.{}^{2}\varphi_{1}.{}^{3}\varphi_{2}\ldots{}^{\omega-3}\varphi_{\omega-4}.{}^{\omega-2}\varphi_{\omega-3}.{}^{\omega}\varphi_{\omega-2}] =$$
$$= {}^{\omega}\varphi_{\omega-2}.\varpi[{}^{1}\varphi_{0}.{}^{2}\varphi_{1}.{}^{3}\varphi_{2}\ldots{}^{\omega-3}\varphi_{\omega-4}.{}^{\omega-2}\varphi_{\omega-3}]$$
$$- {}^{\omega-2}\varphi_{\omega-2}.\varpi[{}^{1}\varphi_{0}.{}^{2}\varphi_{1}.{}^{3}\varphi_{2}\ldots{}^{\omega-3}\varphi_{\omega-4}.{}^{\omega}\varphi_{\omega-3}].$$

On voit que, procédant de la même manière, on pourra développer chacune des deux fonctions ϖ de ces deux derniers développemens, en deux fonctions ϖ nouvelles, contenant la faculté $\varphi_{\omega-3}$ de moins, et ainsi de suite jusqu'au développement complet; de sorte que ce développement complet de la fonction

$$\varpi[{}^{1}\varphi_{0}.{}^{2}\varphi_{1}.{}^{3}\varphi_{2}\ldots{}^{\omega-2}\varphi_{\omega-3}.{}^{\omega-1}\varphi_{\omega-2}.{}^{\omega}\varphi_{\omega-1}]$$

ne contiendra proprement que $2^{\omega-1}$ termes qui généralement ne deviennent pas zéro par la circonstance de ce que $\varphi x = 0$, tandis que, sans cette circonstance, le développement de cette fonction donnerait $1^{\omega|1}$ termes différens.

Après ces considérations, il sera facile, non seulement de corriger l'erreur qui s'est glissée dans les expressions (6) dont il est question, mais de plus de donner à ces expressions une forme nouvelle bien plus simple: la voici. — En conservant toujours l'expression (5) de la *Réfutation de Lagrange*, on aura, pour les coefficiens M_{μ}, $M_{\mu-1}$, $M_{\mu-2}$, etc. et N_{μ}, $N_{\mu-1}$, $N_{\mu-2}$, etc., à la place des expressions fautives (6), les expressions exactes et plus simples ... (6)'

$$M_{\mu} = 1$$

$$M_{\mu-1} = \frac{\Delta^{\mu}\varphi x^{(\mu-1)}|\xi}{\Delta^{\mu-1}\varphi x^{(\mu-1)}|\xi}$$

$$M_{\mu-2} = M_{\mu-1}.\frac{\varpi[\Delta^{\mu-1}\varphi x^{(\mu-2)}|\xi]}{\Delta^{\mu-2}\varphi x^{(\mu-2)}|\xi} = M_{\mu-1}.\frac{\Delta^{\mu-1}\varphi x^{(\mu-2)}|\xi}{\Delta^{\mu-2}\varphi x^{(\mu-2)}|\xi}$$

$$M_{\mu-3} = M_{\mu-1}.\frac{\varpi[\Delta^{\mu-2}\varphi x^{(\mu-3)}|\xi\,.\,\Delta^{\mu-1}\varphi x^{(\mu-2)}|\xi]}{\Delta^{\mu-2}\varphi x^{(\mu-2)}|\xi\,.\,\Delta^{\mu-3}\varphi x^{(\mu-3)}|\xi}$$

$$M_{\mu-4} = M_{\mu-1} \cdot \frac{\varpi[\Delta^{\mu-3}\varphi x^{(\mu-4)|\xi} \cdot \Delta^{\mu-2}\varphi x^{(\mu-3)|\xi} \cdot \Delta^{\mu-1}\varphi x^{(\mu-2)|\xi}]}{\Delta^{\mu-2}\varphi x^{(\mu-2)|\xi} \cdot \Delta^{\mu-3}\varphi x^{(\mu-3)|\xi} \cdot \Delta^{\mu-4}\varphi x^{(\mu-4)|\xi}}$$

. . . .

$$M_{\mu-\nu} = M_{\mu-1} \cdot \frac{\varpi[\Delta^{\mu-\nu+1}\varphi x^{(\mu-\nu)|\xi} \cdot \Delta^{\mu-\nu+2}\varphi x^{(\mu-\nu+1)|\xi} \ldots \Delta^{\mu-1}\varphi x^{(\mu-2)|\xi}]}{\Delta^{\mu-2}\varphi x^{(\mu-2)|\xi} \cdot \Delta^{\mu-3}\varphi x^{(\mu-3)|\xi} \ldots \Delta^{\mu-\nu}\varphi x^{(\mu-\nu)|\xi}};$$

$N_{\mu} = 0, \quad N_{\mu-1} = 0,$

$$N_{\mu-2} = \frac{\varpi[\Delta^{\mu}\varphi x^{(\mu-2)|\xi}]}{\Delta^{\mu-2}\varphi x^{(\mu-2)|\xi}} = \frac{\Delta^{\mu}\varphi x^{(\mu-2)|\xi}}{\Delta^{\mu-2}\varphi x^{(\mu-2)|\xi}}$$

$$N_{\mu-3} = \frac{\varpi[\Delta^{\mu-2}\varphi x^{(\mu-3)|\xi} \cdot \Delta^{\mu}\varphi x^{(\mu-2)|\xi}]}{\Delta^{\mu-2}\varphi x^{(\mu-2)|\xi} \cdot \Delta^{\mu-3}\varphi x^{(\mu-3)|\xi}}$$

$$N_{\mu-4} = \frac{\varpi[\Delta^{\mu-3}\varphi x^{(\mu-4)|\xi} \cdot \Delta^{\mu-2}\varphi x^{(\mu-3)|\xi} \cdot \Delta^{\mu}\varphi x^{(\mu-2)|\xi}]}{\Delta^{\mu-2}\varphi x^{(\mu-2)|\xi} \cdot \Delta^{\mu-3}\varphi x^{(\mu-3)|\xi} \cdot \Delta^{\mu-4}\varphi x^{(\mu-4)|\xi}}$$

. . . .

$$N_{\mu-\nu} = \frac{\varpi[\Delta^{\mu-\nu+1}\varphi x^{(\mu-\nu)|\xi} \cdot \Delta^{\mu-\nu+2}\varphi x^{(\mu-\nu+1)|\xi} \ldots \Delta^{\mu-2}\varphi x^{(\mu-3)|\xi} \cdot \Delta^{\mu}\varphi x^{(\mu-2)|\xi}]}{\Delta^{\mu-2}\varphi x^{(\mu-2)|\xi} \cdot \Delta^{\mu-3}\varphi x^{(\mu-3)|\xi} \ldots \Delta^{(\mu-\nu)}\varphi x^{(\mu-\nu)|\xi}};$$

en observant que, suivant le procédé exposé plus haut, chacune de ces fonctions ϖ se décompose de nouveau en deux autres fonctions ϖ qui ne contiendront plus la faculté $\varphi x^{(\mu-2)|\xi}$, et ainsi de suite jusqu'au développement complet ; de sorte que ce développement complet donnera $2^{\nu-2}$ termes distincts pour chacun des coefficiens $M_{\mu-\nu}$ et $N_{\mu-\nu}$, depuis $M_{\mu-2}$ et $N_{\mu-2}$ inclusivement.

FIN.

ERRATA.

Page 19, ligne 23, $+ Dx^2 = 0$; *lisez*, $+ Dx^2 +$ etc. $= 0$,

21, *dernière*, du Calcul infinitésimal ; *lisez*, du Calcul différentiel.

53, 7, déduction architectonique; *lisez*, déduction philosophique

64, 4, TABLEAU ARCHITECTONIQUE ; *lisez*, TABLEAU PHILOSOPHIQUE

(*Cette erreur très grave nous est échappée dans la rédaction ; car la déduction des méthodes appartient évidemment à la* MÉTHODOLOGIE *et non à l'*ARCHITECTONIQUE *du Calcul infinitésimal*).

84, 14, que lui donnent ; *lisez*, que leur donnent

156, 17, de plus en plus exacts; *lisez*, de plus en plus convenables,

190, 191 et 192, *au titre*, SUPPLÉMENT; *lisez*, Ier. SUPPLÉMENT.

www.ingramcontent.com/pod-product-compliance
Ingram Content Group UK Ltd.
Pitfield, Milton Keynes, MK11 3LW, UK
UKHW022051190726
13855UKWH00002B/474